博物館の学びをつくりだす

その実践へのアドバイス

小笠原喜康；チルドレンズ・ミュージアム研究会 編著

ぎょうせい

はじめに ── 博物館教育の可能性

　博物館が、今の行き詰まっている学校教育を変えるきっかけになるのではないかという期待を編者はもっている。歴史をさかのぼると、過去の学校改革のきっかけに博物館がかかわっていたことをみることができるからである。

　1860年アメリカの教員養成学校の校長シェルドン（E.A. Sheldon）は、トロントの教育博物館を訪ね、それに刺激されて有名な"Oswego movement"を始めた。これは、「実物教授」といわれ、実際のものにふれて学ぶというやり方であった。これは、それまでの教室風景を一変させた。それまで殺風景だった教室が、さまざまな教材で賑やかになった。これは、日本にも明治の早い段階で輸入され、「庶物指教」さらには「開発教授術」といわれて影響を与えている。

　その後しばらくして、学校教育のやり方に新風を吹き込んだのは、またしても博物館だった。1900年頃、近代的な意味での視聴覚教育は、学校博物館のデリバリー教材の中に実物標本の代わりにスライドを組み込んだことで始まる。アメリカのセントルイスでは、100以上の学校に、1000以上のアイテムを年間9000回届けたといわれている。同じ時期、新しい教育の思想を求めたデューイ（J. Dewey）の実験学校は、学校というよりも、いまでいう「子ども博物館」というにふさわしいものであった。

　もちろんこうした過去の事例があるからといって、現代の博物館・美術館・動物園が必ず学校改革に影響を与えるはずだということにはならない。だがしかし、本書において述べられるさまざまな事例は、編者にこの期待をはっきりと抱かせる。

　近代産業社会を支えてきたこれまでの学校は、さまざまな方法的試みやさまざまな制度的改革を重ねてきた。その結果、先進国では多くの人々が高等教育までも進めるようになってきた。しかしそれにもかかわらず、その基本

的教育思想には、大きな変化がみられなかったように思われる。その基本は、近代工場を動かす歯車としての人間を育てるという思想にしばられてきた。

今日でも繰り返される基礎基本を大切にしっかりと身につけさせようという論調は、私たちの教育への考え方が100年以上も前から大きく変わっていないことを物語っている。そこには、すべての人に同じ学力を身につけさせるという思想が不動のままにある。しかし本書で紹介されるのは、こうしたいままでの学力像とは少し以上に違う。

実践編第1章での横山・洞口の試みは、子どもたち一人一人を古代のモノを通じて人をみようとする考古学研究者とみている。古代のイヤリングづくりを通して、そこに最も人間らしい姿を見いだそうとする。

第2章の渡邊の実践は、科学する楽しさを伝えようとする。そこには正解はない。あるのは、実験精神であり、これこそが科学の精神である。

第3章の稲庭は、美術館なのに音を発見させようとしている。美を教えるのではない、一人一人にとっての美を一人一人みつけだす手伝いをしている。

第4章の並木は、動物とのふれあいの中に来園者が自ら命の輝きを見いだす問いかけをしている。動物を介して人々が語り合い、動物の生活を知ることで、自分自身をそして人間を考える場としてとらえる。

第5章の中村・永山の試みは、特別の施設としての博物館が舞台ではない。日々暮らす"街"そのものが発見の舞台である。中村は、子どもたちがつくる街・「ミニさくら」を仕掛ける。子どもたちは、そこで自分のもてる力を発見する。永山も「体感する美術」と銘打って、街の再発見のワークショップをおこなう。そこでの発見は、親しんでいるはずの自分の街を新たな目で感じる美の発見である。

こうした実践の場での試みは、どれもなにか正しい知識を速やかに等しく教え込もうというのとは大きく違う。一人一人が一人一人のかかわりの知を組み立てる、そうした新たな時代の知の姿に向かう試みである。

アドバイス編の第6章では、木下がワークシートをどのようにつくるのかという具体的な問題をアドバイスする。しかしそれは単なる技術の問題ではない。人はこうしたものを単なるハウツーのテクニックとみなすことがある

が、テクニックは思想があって初めて意味をもつ。木下はワークシートをなにかを教えるためのものとは考えない。来館者自身の解釈・発見を継続させ発展させるためのものととらえる。

　第7章では、小野が近年多くなった幼児の博物館体験にどうアプローチするかについて述べる。小野は、この章を「子どもの発見」と題して、子どもという存在をどうみるのか、そしてそれとどうかかわるのかについて述べる。ここでは、子どもの特性から、子どもを迎える具体的なより細かな注意点や提案が語られる。

　第8章の塚田は、豊富な博学連携プログラムの実践経験から、学校の教師たちとのコミュニケーションを確立していくことの大切さを語る。博学連携は、その必要が叫ばれながらも、誰もが躊躇を隠せない難しい課題である。しかし塚田の世田谷美術館での積み上げは、極めて有意義な示唆を伝えられるだろう。

　最後の第9章では、小笠原が少し実践の場から距離をおいて、改めて博物館での学びの今日における意味を検討している。近代産業社会が変質してしまった今日、博物館での学びのもつ意味は決して小さくない。しかしその意味をとらえてさらに発展させるには、知識とはなんであるのかというより基本的な問題を避けては通れない。小笠原はここで、近年注目されてきた「構成主義」を問い直して「反表象主義」の知識観を提示し、それを具体的な例で解釈する試みを提示している。

　よくいわれるように、これからの社会は、一人一人の個性が大切な社会である。私たちは、すでにそうした社会を迎えている。しかしどうすることが、そうした個性を大切にし伸張させることになるのだろうか。これまでは、あまり具体的な提案のないままに、「個性が大切」というスローガンのみが唱えられてきたように思われる。

　本書は、こうしたことへの筆者たちの一つの提案である。私たちチルドレンズ・ミュージアム研究会では、博物館がこれからの社会に光る個性的な知をはぐくむ「楽校」になってほしいという願いをもって、その可能性を考えてきた。本書は、そうした願いへの一つの試みである。

　とはいえ、この私たちの本は、まだまったく新しい試みである。これまで

「博物館教育」を明確に標榜した書籍は、ほとんど見いだされていない。教育学の中にも、博物館教育学という分野は、まだまったく確立していない。社会教育学の一分野として制度論的に扱われてきただけである。そのためこの私たちの試みには、比較対照するものも少なかった。だからこの私たちの試みは、まだまったくの模索段階である。そうした意味で、この試みは批判の対象とならなくてはならない。まだまだ、とてもとても「博物館教育学」というのにはほど遠い。

　しかし私たちの願いは、このまったく未開拓の試みに多くの方が参加してくださり、博物館の教育について多角的な議論が高まることである。そのことで、博物館が変わるだけではなく、学校と博物館が交流することで学校も変わるのではないか、そうした期待をもって、私たちは本書を刊行したい。この小書が、新たな学びの姿、新たな知の姿、新たな学力の姿への議論の架け橋の一つとなってほしい、それが私たちの願いである。

　　2005年師走

　　　　　　　　　　　　　　　　　　　　　　　　　　　編者

目　次

はじめに──博物館教育の可能性

Ⅰ．実践編

第1章　古代人はなにを想う
──耳飾り館子ども考古学クラブにおける体験学習プログラムの実験──

1. 榛東村耳飾り館子ども考古学クラブ……………………………………2
   - (1) 耳飾り館と考古学クラブ　2
   - (2) 押しかけボランティア　3
   - (3) 活動の概要　3
2. 耳飾り館に親しむプログラム……………………………………………6
   - (1) 「たんけんマップ」　6
   - (2) ビンゴ型ワークシート　7
3. 古代体験………………………………………………………………………8
   - (1) 「古代体験」への疑問　8
   - (2) 縄文の布をつくる　9
   - (3) 糸をつくってみよう！　9
   - (4) 縄文人のすばらしさ　11
   - (5) 縄文時代のイメージをつかむ体験　12
4. 考古学体験…………………………………………………………………14
   - (1) 古代体験と考古学体験　14
   - (2) 「みる」　14
   - (3) どきどキット　15
   - (4) がらくたボックス　16
   - (5) 考古学体験の課題　17
5. おわりに……………………………………………………………………17

第2章　科学を遊ぶ

1. はじめに──科学館の仕事 …………………………………………………… 19
2. 「科学を遊ぶ」イベントの種類 ……………………………………………… 20
   (1) 演示実験　20
   (2) 実験・工作教室（ワークショップ）　20
   (3) 実験舞台　21
   (4) 自由参加ハンズオン展示　21
   (5) 自由参加ミニ工作教室　22
3. 演示実験 ………………………………………………………………………… 23
   (1) 杉並区立科学館：夏休みサイエンスウィークの実験ショー　23
   (2) 杉並区立科学館：実験ショー「科学マジックショー」　25
4. 実験教室・工作教室（ワークショップ）…………………………………… 26
   ◎ 東芝科学館：小向東芝少年少女発明クラブ　26
5. 実験舞台 ………………………………………………………………………… 31
   (1) ストーリー性のないもの　31
   (2) ストーリー性の強いもの（ストーリー自体に意味があるもの）　31
6. 自由参加ハンズオン展示 ……………………………………………………… 33
7. 自由参加ミニ工作教室 ………………………………………………………… 34
8. あおぞら実験 …………………………………………………………………… 35
9. まとめ …………………………………………………………………………… 37

第3章　美をみつける回路をひらく

1. 新たな出発の中での教育活動 ………………………………………………… 39
2. 実践例1「きょうの　はやまに　みみをすます」………………………… 42
   (1) 構想が生まれる　42
   (2) 予算の確保　42
   (3) 準備段階のスケジュール──スタートまで実質2か月半──　44
   (4) 展示プランの作成と各組織との調整　45
   (5) 鑑賞を助ける──ツールの制作──　47
   (6) 参加型プログラム　55

⑺　事業の趣旨を整理する　56
　⑻　美を見いだす回路　57
　⑼　次の活動につなげるために　58
3．実践例2「アンテスとカチーナ人形」展……………………………………59
　⑴　セルフガイド・リーフレット　60
　⑵　ワークショップ、後援会、ライブ　64
4．公共財としての美術館はなにを提供するのか……………………………68

第4章　動物園での学び

1．はじめに………………………………………………………………………74
2．動物園における「学び手」をよく知る………………………………………74
　⑴　学びとは：リアリティをともなう真実性の獲得　74
　⑵　来園者のもつ「あらかじめの動物イメージ」を知る　76
　⑶　多様な来園動機を尊重する　76
3．動物園ならではのプログラム：動物展示利用を中心に……………………77
　⑴　動物展示とは：動物たちの暮らしを見せ続ける営み　77
　⑵　間近さの演出：物理的距離・心理的距離を縮める　78
　⑶　心理的な遮蔽物をとりはらう：「擬人化」の効用　79
　⑷　動物の生活に入り込む体験を用意する　81
4．子どもの内面を理解する手だてとしての動物………………………………89
　⑴　子どもの年齢を考慮する：子どもの内面と行動　89
　⑵　子どもの表現からひきだせること　90
5．おわりに………………………………………………………………………91

第5章　まちをつくる、まちをあそぶ
——「ミニさくら」と「体感する美術」——

1．「まちづくり」を楽しむ——「ミニさくら」で活躍する子どもたち——…93
　⑴　「ミニさくら」の概要と仕組み　93
　⑵　「ミニミュンヘン」から「ミニさくら」へ　95
　⑶　「ミニさくら」開催へ向けてのプロセスと＜10代スタッフ＞の活躍　96
　⑷　"ミニさくら市民"の活躍　99

(5)　大人の工夫、大人の変化そして地域の中で　*101*
　(6)　「ミニさくら」のこれから　*103*
2．美術館からまちへ：佐倉市立美術館「体感する美術」……………*104*
　(1)　「体感する美術」について　*104*
　(2)　なぜ美術館がまちに出るのか　*106*
　(3)　「体感する美術」自体をつくる　*109*
　(4)　おわりに　*111*

Ⅱ．アドバイス編

第6章　ワークシート デザイン

1．ワークシートの事例をみる………………………………………*114*
2．ワークシート考……………………………………………………*120*
3．ワークシートの開発………………………………………………*122*
4．各段階での評価……………………………………………………*124*
5．指導のあり方と運用形態…………………………………………*124*
6．設問内容と回答方法………………………………………………*126*
　(1)　設問の傾向と難易度　*126*
　(2)　2種類の質問　*127*
　(3)　絵を描くことは簡単か　*128*
　(4)　回答率と不人気から問題点を探す　*129*
7．ワークシート紙面のデザイン……………………………………*130*
8．ワークシートによる学びのフォロー……………………………*134*
9．まとめ………………………………………………………………*135*

第7章　子どもの発見

1．子どもの発見………………………………………………………*137*
　(1)　はじめに　*137*
　(2)　近代的児童観と子どもの発見　*137*
　(3)　子どもの権利条約と日本の子ども　*138*

(4)　子ども問題の背景は？　*139*
2．ミュージアムに夢をかける ··· *141*
　(1)　みんなが出会う場としてのミュージアム　*141*
　(2)　遊びと学び　*142*
　(3)　展示開発の現状と課題は？　*144*
3．体験型展示へ向けて ·· *145*
　(1)　幼い子どものための展示開発の必要性　*145*
　(2)　色と形　*146*
　(3)　ミュージアム・シアターや人形等の活用　*149*
4．子どもを迎える環境づくり ·· *151*

第8章　博物館と学校のコミュニケーションをひらく
――世田谷美術館の場合――

1．はじめに ··· *153*
2．学芸員と教師の関係の変化：「鑑賞教室」をめぐって ··············· *154*
　(1)　美術館の提案、教師の反応　*154*
　(2)　関係の変化　*156*
3．教師自身による「鑑賞教室」へのアプローチ ·························· *159*
　(1)　教師自身による「鑑賞教室」のための授業　*159*
　(2)　「鑑賞教室」終了後の活動の展開　*161*
4．おわりに――新しい試みと展望 ··· *164*
　(1)　教師からの提案――区内在住作家のアトリエ訪問　*165*
　(2)　美術館からの提案――教師向け講座「ミュージアム・セッション」　*165*
　(3)　おわりに　*165*

第9章　博物館の学びとは

1．いま求められる学びの姿――学校学習からの脱却 ················· *168*
　(1)　いまなぜ博物館教育なのか　*168*
　(2)　「近代学校」の行き詰まり　*169*
　(3)　ポスト産業主義時代の博物館の学び　*172*
2．博物館での学びの理論 ··· *176*

(1) 博物館の学びの常識への問い直し　*176*
　(2) 知の問い直し：「反表象主義」知識観と博物館の学び　*181*
3．博物館での学びの構築：かかわりの創出 …………………………*186*
4．おわりに ……………………………………………………………*190*

付／博物館教育文献集 ……………………………………………………*192*
執筆者一覧…………………………………………………………………*197*

I. 実践編

第1章

古代人はなにを想う
―― 耳飾り館子ども考古学クラブにおける
体験学習プログラムの実験 ――

横山　千晶／洞口　正史

1．榛東村耳飾り館子ども考古学クラブ

(1)　耳飾り館と考古学クラブ

　榛東村耳飾り館は、榛名山のふもと、群馬県北群馬郡榛東村にある。村内の国指定史跡「茅野遺跡」でみつかった縄文時代の土製耳飾りが、国の重要文化財に指定されたのをきっかけとして1992年に開館した、小さな村の小さな博物館である。しかし、「歴史と美の出会い」というテーマのもと、縄文時代の耳飾りを中心に、世界各地から集められたたくさんの耳飾りが展示されている。おそらく世界でも一つだけの「耳飾り博物館」なのである。

　2003年度から2005年度までの3年計画で、この耳飾り館にある体験学習コーナーをお借りして「子ども考古学クラブ」を開いている。小・中学生を対象に、考古学の考え方や基本的な方法を学ぼうというクラブである[注1]。

　年会費1000円と、特に材料費などがかかる場合はそのつど徴収している。小学校高学年以上、10名程度を対象としているのだが、低・中学年の弟や妹が、一緒に参加する場合もある。月1回、基本的に土曜日の午前中2時間、年間10回内外の活動をおこなう。クラブ員はオリジナルシールを貼りつけたノートやファイルを入れたおそろいのバックをもって、耳飾り館に集まるのである。

　クラブ員の募集は村の広報や地域紙を通じておこなったのだが、初年度、2年度は予想外に、村外からの参加が主体を占めた。今年度は耳飾り館の協力を得て、村内の小中学校へのチラシ配布による募集をおこない、4年生2人、5年生7人、中学生1人が参加した。このうち2人が隣接する前橋市か

らの参加者、他は村内在住者という構成となっている。

2005年度の活動は、運動会をはじめとする各種学校行事が忙しい9月をお休みとして、前・後期の2部制とした。前期の活動は6月から始めた。縄文土器をつくるプログラムで、2回の事前学習と一日がかりの土器製作、そして

2005年度のクラブ員たち

これも一日がかりの焼成に取り組んだ。できあがった縄文土器は、夏休みの宿題として提出されたはずである。

10月から後期の活動を開始している。縄文時代の料理を考え、つくってみるプログラムである。縄文クッキーやスープに加え、最近の新聞記事で話題となった中国の「4000年前の麺」作りに挑戦する子どももいる。

(2) 押しかけボランティア

クラブの運営は筆者らがおこなっている。通常、耳飾り館は場所の提供と連絡事務のほかは、クラブにかかわらない。筆者らが、子どもと考古学を結ぶプログラムやツールを開発し、実験する場を求めていたこと、耳飾り館が急激な入館者減や、学芸員が出産、育児休暇などにより、長期にわたって勤務を離れるなどの課題を抱えていたことなどがからみあって、こうした形になったのだが、ずいぶん変則的な活動のしかたではある。押しかけボランティアとでもいうとわかりやすいだろうか。

洞口が考古学的な内容のチェックやプログラム開発を受け持ち、教育的な編成および学習評価は横山が担当した。また必要に応じて、考古学や教育の専門家である同僚の支援を受けることができた。

クラブが軌道に乗った2年目からは、クラブの活動の一部を耳飾り館の事業と位置づけて、協力いただいた専門家の講師料を館が支出することもあった。

(3) 活動の概要

3年間のクラブ活動のプログラムを表1-1に示した。1年ごとに筆者らの問題意識や個人的状況が異なるため、3年を通じた統一的なプログラムには

表1-1　耳飾り館子ども考古学クラブの活動

2003年度

	テーマ	活動の内容	区分
第1回	耳飾り館をたんけんしよう	結成式、ワークシート、マップ作り	A
第2回	耳飾りをかんさつしよう	観察カード（実測）、カードゲーム作り	C
第3回	耳飾りを作ってみよう	粘土で耳飾り作り	BD
第4回	古代の服を着てみよう	衣装を着る、時代カード作り	B
第5回	草から糸を作ってみよう	カラムシやクズの表皮を使った糸作り	B
第6回	土器を観察しよう	2000年後の考古学者ボックス・土器カード作り	C
第7回	縄文グルメにチャレンジ	どんぐりの分類・どんぐりボード作り	B
第8回	びっくりタイムライン	100年10cmの年表作り・ペーパークラフト	B
第9回	土器博士になろう	どきどキット・土器あてクイズ	C
第10回	発表会をしよう①	作品作り（貼り絵・勾玉作り・拓本しおり作り等）	BE
第11回	発表会をしよう②		
第12回	発表会・縄文パーティー	作品展示・縄文スープの試食・修了式	E

2004年度

	テーマ	活動の内容	区分
第1回	耳飾り館をたんけんしよう	結成式、耳飾り館ビンゴ	A
第2回	貼り絵で縄文人の村を描こう	縄文の村貼り絵作り	B
第3回	茅野遺跡の耳飾りを作ろう	粘土で耳飾り作り	BD
第4回	耳飾りフリスビーを作ろう	耳飾り模様のフリスビー作り	C
第5回	新・びっくりタイムライン	100年10cmの年表作り	B
第6回	草から糸を作ろう	カラムシやクズの表皮を使った糸作り、オーブン粘土のトンボ玉作り	B
第7回	カードゲームで考古学	どうならぶカード、トランプ	C
第8回	どんぐりゲームを作ろう	どんぐりの分類、どんぐりボード・ドングリゲーム作り	B
第9回	2000年後の考古学者になろう	2000年後の考古学者ボックス	C
第10回	茅野遺跡の耳飾りを作ろう	粘土で耳飾り作り	BD
第11回	土器博士になろう	どきどキット、土器クイズ	C
第12回	勾玉、トンボ玉を作ろう	滑石の勾玉、オーブン粘土のトンボ玉作り	D
第13回	図面を作ろう、拓本をとろう	土器の観察カード、拓本しおりつくり	C
第14回	作品展をしよう	作品展示、獣肉の試食、修了式	E

2005年度

	テーマ	活動の内容	区分
第1回	耳飾り館をたんけんしよう	結成式、耳飾り館ビンゴ	A
第2回	縄文土器をしらべよう	観察、文様のつけ方などを調べる	BC
第3回	縄文土器を作ろう①	土器作り（成形）	BC
第4回	縄文土器を作ろう②	土器の野焼き	BC
第5回	縄文料理を調べよう	縄文時代の食材、加工法などを調べる	BC
第6回	どんぐりや木の実を調べよう	木の実の分類、調理法などを調べる	BC
第7回	火をおこそう、クルミを割ろう	火のおこし方、クルミの割り方を調べる	BC
第8回	縄文時代の料理を作ろう	縄文時代の料理を作ってみる	BC

なっていない。

　年間計画の立案は前年末から準備を始めるのだが、4月の人事異動が不確定要素となるため、実質的にはこれが決まって以後に組み立てることになる。各自が開発したプログラムやツールを持ち寄り、検討して年間計画に配置する。各回の活動前日までに打ち合わせ、活動後に反省会をおこなって、プログラムの評価をし、計画に変更を加えることも頻繁におこなっている。

　プログラムを大まかに分類すると、
　A．耳飾り館に親しむ活動
　B．古代体験
　C．考古学体験

の3種があり、これに勾玉・トンボ玉作りなど耳飾り館主催行事（表中ではD）へ参加する活動、成果を発表する活動（同E）を組み合わせて、年間の活動をつくっている。

　Aの耳飾り館に親しむ活動は、毎年第1回におこなう「耳飾り館たんけん」である。耳飾り館という場所のことを知り、慣れ、興味を高めることを目的とした活動であるとともに、初めて出会う参加者の緊張をほぐすアイスブレイキングとしての効果をもつものとして考えた。

　B・Cが筆者らの問題意識の中心であり、考古学クラブのメインテーマとして位置づけたものである。

　Bの「古代体験」は、従来からおこなわれている考古学に関連する体験学習を見直し、古代、特に耳飾り館がテーマとしている縄文時代についての、より豊かで多面的なイメージがつくりだせるような体験プログラムを考えたものである。Cの「考古学体験」は、耳飾り館のもっている縄文時代の耳飾り、土器や石器なども使いながら、考古学そのものの方法を体験しようというプログラムである。

　1・2年次はB・Cそれぞれのプログラムを個別におこない、3年次は両者を融合させた活動を試みている。以下、それぞれのプログラムについて紹介する。

2．耳飾り館に親しむプログラム

(1)　「たんけんマップ」

　各年度の初回に「耳飾り館たんけん」をおこなう。初年度はブック型のワークシートを使った見学と、「たんけんマップ」作りを組み合わせた活動とした。

　ブック型ワークシートの問題を解きながら展示室と収蔵庫などバックヤードを回り、その見学成果を活かして、模造紙に展示室の略図と展示を紹介するカードを貼った「たんけんマップ」をつくる。参加した子どもたちが、自分たちの活動の場としての耳飾り館に親しみをもつことを目的としたものである。

　ワークシートは、Ａ４カラー４ページで、マップ作りを前提として、展示のコーナーごとに、注目してもらいたい展示品の写真や注目をうながす設問を載せている。たんけんマップは、完成したらエントランスに飾り、後から来たお客さんにみてもらうものであることを伝え、飾りつけができるように耳飾りの絵や館のマスコットキャラクター「かやのちゃん」のイラストを印刷して用意した。マップづくりは、2・3人のグループで一つの展示コーナーを担当させ、グループごとに紹介カードをつくるところから始めた。中央に展示室の略図を描いた模造紙のまわりに、各グループがつくった紹介カードを貼った。それぞれの子どもたちは、ワークシートを解きながら展示をみて、たくさんのことを知った。例えば、耳飾り館の名前の由来にもなっている縄文時代の耳飾りについてまとめたグループの紹介カードには、「縄文時代には、耳飾りをつけるのにあなをあけていたそうです」というように、はじめて知ったことの驚きが表現されていた。

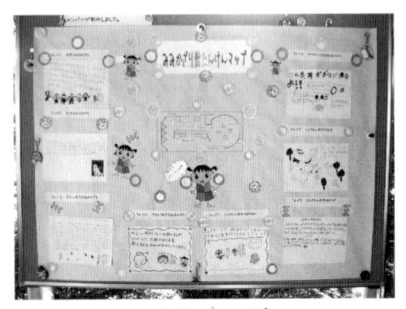

たんけんマップ

　また、みてくれる人のことを考えて、字をきれいに書こう、きれいに飾りつけよう、といった意識をもってカードを書いていた。飾りつけの作業をとお

して、絵を切る、バランスを考えて貼る、などのように役割を分担し、協力して活動する姿がみられるようになり、参加者間のアイスブレイキングも達成された。

終了後に、「思っていたのと違ってとてもおもしろかった」という感想をもらった。これは、自分で発見したことを表現することにより、能動的に活動に参加しているという意識がもて、そのときに「おもしろい」という思いが湧いたといえるだろう。

(2) ビンゴ型ワークシート

2年次、3年次はビンゴ型ワークシートを用いた。ネイチャーゲームに「フィールドビンゴ」という、自然と親しむよい方法があることを知り、それをまねたものである。

ビンゴ型ワークシートは、5行5列のマス目に配置されたクイズを解いてゆく。ブック型との差は、マス目状のクイズという形にある。決まった問題配列にはなっていないことから、見学者に順路や導線を無視した行動を許していることが最も大きな特徴である。

子どもたちの動きは、ブック型ワークシートを用いたときとはまったく違うものになる。自然の中で遊ぶかのように、館内を活発に動き回る。目についた問題から解いたり、ビンゴになりそうなマスにある問題の答を求めて館内をさまよったり、一人一人がバラバラに動きだすのである。何回も同じ場所を行き来し、同じ展示ケースを見つめる。マスの一番隅から順番に答をだ

ビンゴ型ワークシート

そうという優等生は、一番長い距離を歩くことになるかもしれない。

また、クイズの中に、「耳飾りパズルをやってみよう」「ジオラマの中に入ったとしたらなにをしたい？」のように、手を使ったり、想像力を働かせたりするものや、「今日はじめて会った子にサインをもらおう」「○○さんにきいてみよう」など、ほかの参加者やスタッフとのコミュニケーションをうながすような、なんらかの行動を求める課題もだすことができる。サインをもらったついでに、「何番の答えは？」という会話が始まる。順路・導線にかかわらないというビンゴ型の特徴を活かしたものである。

一列でも回答がそろえばそれだけで「ビンゴ！」だから、それで終了してもよいはずである。しかし、たくさんの列が「そろいそう」になるように課題の配置を工夫してあるので、一列そろうころには、さらにいくつかの列が「リーチ」に近い状態になっている。勢い、すべてのマスを埋めるまでは満足できなくなってしまう。

ビンゴ型ではブック型ワークシートのような系統性は望めないから、見学結果を「たんけんマップ」のような整った形で表現することはできないかもしれない。何回も館内を行き来するので、ブック型よりずっと多くの時間を要するという問題もある。しかし子どもたちは喜々として、耳飾り館の館内をくまなく歩き回り、なにがどこに展示してあるかを探し出し、学芸員と友だちの名前と顔を覚えたのである。

3年次には、フィールドビンゴ本来の姿に近づけるように改良を加えた。問題シートとビンゴカードを独立させ、答合わせとふりかえりを兼ねたビンゴ大会を開くようにしたものである。まだ完成にはほど遠い部分もあるが、ブック型にはない利点をもったワークシートとなる可能性を感じている。

3．古代体験

(1) 「古代体験」への疑問

勾玉作り、土器作り、火おこし……。各地の博物館や埋蔵文化財センターで人気を集める、「古代体験」の定番メニューである。特に夏休みともなれば、大人も子どもも（というより大人のほうが夢中になって）石を磨き、ユニークな土器をつくり、汗をかきながら火おこしに取り組む姿が各地でみられ

ているはずである。

　しかし、こうした古代体験では、子どもたちの感想が「つかれた」「縄文人は大変だったんだなあ」「今の時代に生まれてよかった」というごく似通ったものに集中してしまうことも多い。一方、最近の考古学的な研究成果は、例えば縄文時代の社会が、従来考えられていたよりもずっと複雑で豊かな内容をもった社会であったことを示している。火おこしという古代体験が、「火をおこすのが大変な時代」としてのみ縄文時代を「体験」させることになってしまわないか。この問題が「考古学の専門家」でもある我々には、常に小さなしこりとして感じられていたのである。

(2) 縄文の布をつくる

　勾玉、火おこしと並んで「あんぎん作り」も、人気のあるメニューである。「あんぎん」は漢字で書くと「編布」で、上越地方などでつくられていた、カラムシ製の布である。俵のように、横糸を縦糸で交互に編んでいくもので、縄文時代の衣服に使われていた布に、これと同じつくり方の物があると考えられている。簡単な装置を用いた、1時間から2時間の作業で、コースターや花瓶敷きくらいの大きさの布ができあがる。誰にとっても身近な衣食住の「衣」にかかわるものでありながら、現在の布とはずいぶん風合いの違うあんぎんに触れることにより、ある種の異文化体験もできる。加えて手仕事の楽しさがあり、つくったものを持ち帰って使えるという大きな魅力もある。

　しかしあんぎん作りは、単純な作業の繰り返しでもある。「めんどくさい」「たいへん」などの声を聞くことも多い。コースターならいざ知らず、着物一着分の布をつくるということになると、たしかに「たいへん」な作業であり、おそらく縄文人も「めんどくさい」と思ったに違いない。だからといって、その「めんどくささ」「たいへんさ」を縄文時代像として示すことを、体験学習の目的としてよいのだろうか。火おこし体験で感じるのと同じ疑問を、あんぎん作りにも感じることになるのである。

　これをうち破るために、あんぎん作りに代わるべきプログラムとして考えたのが「糸をつくってみよう」であった。

(3) 糸をつくってみよう！

　このプログラムでは、初めに今着ている服について考えた。

さて最初に質問。みんなの着ている服は、なにでできているのかな？
　綿。ナイロン。夏だから、綿のTシャツが多いね。
　でも、綿は江戸時代になってから日本に来たモノだし、ナイロンはずっと新しい時代に発明されたんだよね。
　えっ！　毛糸も明治時代にならないとつくれなかったのかあ！
　じゃあ、縄文時代の人は、なにを着ていたのかなあ？
　夏でも毛皮を着ていたら暑いよね。はだかん坊でいたのかなあ？

　耳飾り館には、カラムシと麻で復元制作した「縄文時代の服」が展示してあるから、クラブ員はみんな答を知っている。

　そうだね、草から糸をとって、着るものをつくっていたんだね。じゃあ、僕たちも草から繊維をとりだして、糸をつくってみよう。服をつくるのは大変すぎるから、まずはひもにしてみよう。できあがったひもに手作りの玉を通して、ネックレスやブレスレットをつくってみよう。

　こうして糸作り体験が始まった。耳飾り館の庭には、山のようにクズやカラムシを積み上げてある。こうした材料も子どもたちといっしょにとりに行けるとよいのだが、残念ながら耳飾り館のまわりには生えていない。この朝、近くの野原からとってきておいたものである。

カラムシの皮をはぐ

　「この草で本当に糸がとれるの？」と不審そうにみていた子どもたちの前で、茎を折り、すーっと皮をはいでみせると、「オッ」と小さな歓声が上がる。自分の知っていた「糸」と、得体の知れない草とが結びつきはじめている。子どもたちも「青臭いね」「虫がいそうだね」と、いいながらせっせと

皮をはぎはじめる。間もなく、用意した植物は全部皮をはがれてしまった。

次は、はいだ皮をしごいて水分や表皮を取り除き、繊維だけにする。民俗例では「苧引き」と呼ばれる工程である。カラムシの濃い緑の皮や、クズの薄汚れた茶色い皮から、薄緑の、透き通るような細い繊維がとれてくる。こ

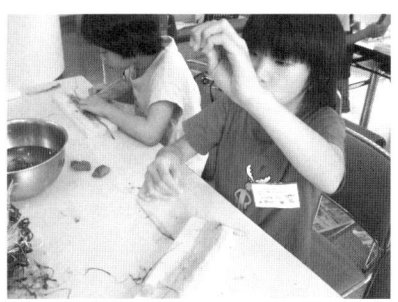

糸がとれた！

こまでくると、見慣れた糸とごく近いものになる。とれた繊維を束ね、撚りをかけて糸をつくり、さらに撚り合わせて好みの太さのひもをつくる。たくさんの皮を使ったはずなのに、一本のひもをつくるのがせいぜいの量にしかならない。しかし正真正銘、自分の手でつくったひもである。

ふたたび展示室に、カラムシでつくられた復元衣装を見に行った。と、おもむろに、衣装に鼻を近づけて匂いをかいだ子がいた。草の皮をはいだときの青臭さが、よほど印象に残っていたのだろう。草と、繊維と、糸と、布と、服という関連づけが、匂いを通じて、彼の体の中にできあがった瞬間だったのかもしれない。

(4) 縄文人のすばらしさ

このプログラムは、「めんどくさい」「たいへん」ではなくて、縄文人が草から糸・ひも・布・服をつくりだしたことの「すばらしさ」を感じられないか、という目的をもったものである。縄文人は数ある植物の中から、皮がきれいにはげる植物、繊維が丈夫な植物をみつけた。そこから繊維をとりだし、糸をつくり、撚り、紡ぎ、編みあるいは織って布に仕上げた。その過程にはどんなに多くの発見や工夫があったことだろうか。その発見・工夫を、「縄文人のすばらしさ」として伝えたかったのである。

手のひらにのるほどのわずかな繊維をとりだすことで終わる体験である。あんぎん作りほどの充実感はないかもしれない。材料を得られる時期が限られるという制約もある。博物館に足を運んだ人が、すぐに取り組めるという手軽さもない。しかし、カラムシの皮をはいだとき、苧引きをして繊維がとりだされたときの歓声や、復元衣装の匂いをかぐというのは、あんぎん作り

ではみられない反応であった。子どもたちは、カラムシやクズが身の回りにたくさん生えていることを発見した。いくつかの植物ではうまく皮がむけないことを発見した。木ぎれや竹べらで苧引きをすると、うまく繊維がとれることを発見した。

これが「縄文人のすばらしさ」の認識に直結するものであるかは即断できない。しかし少なくとも「めんどくささ」「たいへんさ」とはかけ離れた反応であると評価することはできるだろう。

糸作りは、夏の盛りにおこなうプログラムである。ドングリや木の実を使った秋のプログラムと合わせると、子どもたちの季節の感じ方が鋭くなってきたような気がする。彼らが縄文人にちょっと近づいたせいかもしれない。

(5) 縄文時代のイメージをつかむ体験

縄文時代を対象とする体験学習には、もう一つ大きな課題があった。現在の小学校の社会科教科書では、歴史分野に「縄文時代」がないのである。歴史の記述は弥生時代から始まる。とはいえ、学校でまったく縄文時代に触れないということではないし、子どもたちもある程度の知識はもっている。しかし、「縄文時代という時代がある」ということを、子どもたちにつかませておかないと、どんな古代体験であれ、意味をもたないことになりかねない。

「びっくりタイムライン」「○○時代人になってみよう」「貼り絵で縄文人のムラを描こう」はこうした課題に対応した、縄文時代を感覚的に把握する活動のプログラムである。

「びっくりタイムライン」は、現代から縄文時代まで、1年を1cmとした年表をつくり、縄文時代までの時間的距離を年表の長さに置き換えて、体験的に感じようというものである。普通の学校の授業でもおこなわれる、比較的ポピュラーな方法である。

古代の衣装を着て

「○○時代人に……」は、耳飾り館の企画展としておこなった、復元古代衣装に関する展示と、クラブの活動をリンクしたものである。縄文時代の服を着てみるという体験は、いろいろな

博物館でおこなわれているのだが、これを一歩進めて、それぞれの時代についての調べ学習の結果を、展示されている衣装を着て、それぞれの時代の人になったつもりで発表する、というプログラムである。低学年の参加者もいたため、「むかしむかし、今とは違った暮らしがあった。そして、そのころの人々の営みが、なんらかの形で、今のぼくたちにつながっているんだ」ということが、漠然としたイメージとしてであっても伝わるように、という目標を立てた。調べ学習も、参考書籍のほか、これもそれぞれの時代の衣装を着た指導者にインタビューするという方法をとった。企画展示には、各時代のイメージをつかみやすいように、柄をつけた石器などの復元品も展示した。

子どもたちがつくった、それぞれの時代を紹介するレポートの質は高く、博物館・企画展という場と機会の特性、クラブという活動形態の特性双方を活かした、この種のプログラムの中では最も成功したものとなった。企画展示にともなうという性格上、1回だけで終わったのは残念である。

「貼り絵で……」は、模造紙に絵を描き、貼り絵を貼って茅野遺跡の縄文ムラを再現するプログラムである。竪穴住居、イノシシ、人物など、新潟県立歴史博物館で制作販売しているぬり絵を、貼り絵のパーツとして利用した。

1年次は、さまざまなプログラムのまとめ的な性格をもって、最後におこなったプログラムとなった。準備されたパーツを貼り終えようとする頃、子どもたちが突然、「イノシシ狩りだ」といって、イノシシの絵をざっくり切って、矢の刺さったようすを書き加えたり、竪穴住居の内部がみえるような仕掛けをつくって、余白部分に貼り始めた。自分たちが学んできたことにもとづいて、オリジナルな貼り絵をつくり始めたのである。

2年次は活動の導入として貼り絵プログラムをおこなった。新潟県博ぬり絵に加えて、「かやのちゃん」の絵など数種類を、新しい貼り絵パーツとして準備しておいたのだが、結果的にはこれが失敗の原因となった。子どもたちのもっている縄文時代像が展示室にあるジオラマのみに限られたことと、

1年次の貼り絵

さまざまなパーツが準備されていることが相まって、ジオラマによく似た、「きれいな貼り絵」をつくることに集中してしまったのである。

できあがった貼り絵には、1年次にみられたオリジナリティーはなかった。プログラムをおこなうタイミングや、準備するべき材料、手段などを、子どもたちの状況に応じて選択すべきだという教訓を得た活動であった。

4. 考古学体験

(1) 古代体験と考古学体験

我々が日常的におこなっている考古学的な調査と「古代体験」の間には、ずいぶん大きなへだたりがある。県内各地でおこなわれている発掘調査は、考古学研究の第一歩、資料採取の段階である。こうした段階から一般の眼前に「学」の現場が公開されているという領域は、他にはあまりないだろう。我々が伝えたい、また伝えるべきは、考古学そのものの楽しさ、学び、究めることの楽しさではないのか。古代体験を楽しむ子どもたちを目にしながら、我々の中にはそんな自問もあった。

小学校での授業やクラブ活動に、考古学や発掘調査成果をとり入れたプログラム (注2)、発掘調査現場の現地公開や、小・中学生の体験発掘における教育的プログラム (注3) は、この問に対する答としての「考古学体験」を目指したものであった。

(2) 「みる」

ここでの「考古学」は、過去についての知識の集積という意味ではなく、モノを通じて人間を考える、という方法を指す。この視点に立った考古学研究は、モノをみることからすべてが始まる。子ども考古学クラブでも、考古学体験の中心に「モノをみる」ことを置いた。具体的には、

　ア．自らの目で観察することによって、「モノ」からなにかを読みとることができる、ということがわかる。

　イ．比較することにより、観察が深まったり、視点が変わったりすることがわかる。

　ウ．共通点や相違点をみつけだし、基準をつくり、分類することができるようになる。

エ．観察や分類の結果を適切な方法（言葉、記号、絵・図など）で、他者に向けて表現できるようになる。
という四つの体験を目標としたのである。
　これは科学一般の基本となる体験である。考古学でいえば、土器を「厚手式」と「薄手式」に分類した、日本考古学の始まりともいうべき段階から、これを追体験しようとするのである。

(3) どきどキット

　このために開発したのが、「どきどキット」である。どきどキットは、実物の土器片を使って、観察により情報を抽出し、その情報を再構成することによって意味を見いだすという視点から、考古学の方法を体験する学習パッケージ群である(注4)。
　メインキットの本体は、縄文時代・弥生時代・古墳時代・古代・近世・現代の土器、陶器の実物破片である。これに、「これから＜考古学＞の＜研究＞をするんだぞ！」という雰囲気をつくるための小道具、白い手袋や虫眼鏡などもセットされている。

　参加者は土器片を観察し、読みとったその土器の特徴に応じたニックネームをつけ、比較、分類して、一種の編年表を、実物の土器片を使ってつくりあげるのである。参加者が名前をつけ、分類した意味をこの編年表から読み取ることができる。

土器を観察して分類する

　「縄文土器の特徴は……」という講義を受けるのではなく、自分が抽出した特徴をもった土器が縄文土器なのだということを、自分で確かめられることになる。子ども考古学クラブでは、このプログラム終了後に、耳飾り館の収蔵庫に入り、実際の土器の時代を当てるゲームをおこなった。4年生以上

土器を時代ごとに並べてつくった編年表

●第1章　古代人はなにを想う●　15

なら、各時代の土器の特徴を的確に把握できるようになっている。
(4) がらくたボックス

　サブキットとして、「2000年後の考古学者」という名前をつけたものがある。別名「がらくたボックス」と呼ばれるとおり、いろいろな「ごみ」を詰め合わせた箱である。中には割れたお茶碗やブタの貯金箱、フロッピーディスクの中身、ミニカーのタイヤなどが入っている。

　これは、二つの方向での使用を考えて制作した。

　一つは「かけらから全体を推理する」ということである。

　子どもに土器片のスケッチをさせるとき、子どもたちの絵に違和感をおぼえることがある。例えば茶碗形の土器の口のかけらを描く場合、通常であれば口を上に、底に近い方を下という正位で描くはずである。ところが、口の部分が大きく、底に近い方がとがっているような破片の場合は、必ずといってよいほどに口を下にした三角形を描く。その土器片がお茶碗の一部分だ、という認識がなされていないため、三角形をそれとして、長い辺を底辺とした安定した形に描くのである。

　子どもたちにはまったくなじみのない土器を相手にするのだから無理もない。毎日使っているようなお茶碗であれば、かけらになっても「全体」がわかるはずだから、それを導入に使えば、土器片も「全体」のかけらだということが理解できるのではないか、と考えたのである。これはおおむね成功し、3年生以上は正しく、口を上にした図を描いた。

　もう一つは、これらのごみの総体から持ち主を推理させる、「モノからくらしを推理する」ことである。これも考古学の基本的方法の一つである。

がらくたボックス

「今は西暦4004年。考古学者のキミは、ある遺跡を発掘した。2000年ほど前にニホンとよばれていた国にある、一軒の家のあとを発掘したのだ。その家から見つかったごみがボックスの中にあるモノだ」という設定である。

　テストしてみると、子どもにとってはその設定自体が難しかったらしく、

さらにごみの内容が陶器とプラスチックにかたよったこともあって、発想を十分に広げることができなかった。おもしろいツールとなる可能性があるものと思われるが、さらに工夫が必要である。

(5) 考古学体験の課題

その他、モノが時代を追って変化することを感覚的に理解させようとする「どうならぶカード」や、考古学の技術的な体験となる「図面を作ろう、拓本を取ろう」なども試みている。

どきどキットでは土器の特徴をつかめるようになり、スケッチや図面、拓本を経験することによって、子どもたちはしっかりモノの特徴をとらえることができるようになってきたように思う。第2年次では、前期と後期に2回の耳飾り作りをおこなっているが、前期でつくった耳飾りと後期のそれとでは格段にできばえが違う。上手下手というより、観察結果としての細部を、しっかりつくり込むようになっているのである。考古学体験が、子どもたちに一定の変化をうながしていることは間違いない。

ただし、考古学体験のプログラムには大きな弱点がある。古代体験のプログラムと比べると、圧倒的に「おもしろくない」のである。「どうならぶカード」を「考古学トランプ」に、「図面作り」を「耳飾りフリスビー作り」にアレンジするなどの試みをしているが、これはトランプのおもしろさ、フリスビーのおもしろさが勝ってしまい、考古学も耳飾りもどこかに置き忘れられてしまうようだ。

史跡公園化予定の茅野遺跡を含めたフィールドワークや、ニュース性のあるトピックなど、魅力的な環境や素材とを組み合わせて、よりおもしろい考古学体験プログラムができないか、考えをめぐらせているところである。

5. おわりに

子ども考古学クラブでは、学校という枠にとらわれない活動、単発的なイベントではない継続的な活動をおこなうことができた。今まで我々がもっていた一過性の古代体験によるそれとは違う、新しい学びのプログラム・ツールを、その効果や長所・短所を確認しながら開発することができた。

参加した子どもたちにとっても、新鮮な体験が数多くあったはずである。

もとより、自発的に一年間のクラブ活動に参加しようとする、基本的な学習モチベーションの高い子どもたちである。彼ら自身の諸活動が、プログラム・ツールの完成度の低さ、筆者らの教育スキルの不足を補ってくれたことはいうまでもないのだが、博物館という、モノと情報がそろった場で、かつクラブという継続性をもった活動形態でこそ深まる学びがある。

　一方、筆者らの問題意識が、特に前期旧石器遺跡の捏造事件の衝撃を経て、考古学の原点的な部分に集中していたこともあって、耳飾り館のテーマである「美と歴史の出会い」とクラブ活動との間に、少なからぬ乖離があったことは課題としてあげられる。活動プログラムには、耳飾り館だからできる、というものは少なく、したがって博物館資料も、ごく一部しか取り込むことができなかった。特に先に紹介した、「〇〇時代人になろう」が、企画展示との連携により、非常に充実した活動となったことを思い返すと、館の展示や資料をもっと活用した方策はなかったか、とも考えている。

　考古学クラブは、3年の活動が終わる。次の新しい活動展開を考えているところである。

　筆者らの勝手な「押しかけ」を許容してくださった岡部教育長をはじめとする榛東村教育委員会と耳飾り館のみなさん、継続的に支援いただいた群馬県埋蔵文化財調査事業団、松井田町立西横野小学校の同僚諸氏、特に活動の裏方で、子どもたちと筆者らの「しかり役」に徹してくださった青木さおりさんに深く感謝する。

◆注釈
※インターネット上の情報については2005年11月3日取得。
1. 榛東村耳飾り館子ども考古学クラブおよび文中のプログラム、ツールについては、耳飾り館子ども考古学クラブホームページを参照。http://mimikazari.hp.infoseek.co.jp/yac/yactop.htm
洞口正史. 榛東村耳飾り館こども考古学クラブ（わくわくミュージアム研究会第3回実践報告会資料）
http://archaeoring.ld.infoseek.co.jp/orbit/navigator/learning/pdf/wak.pdf
2. 横山千晶. (2000). ゴミ学習に使える考古学. 群馬県埋蔵文化財調査事業団『平成12年度地域教材開発研究・研修報告書』, p.20
3. 洞口正史. 小学校考古学体験ワークシート：桑原田遺跡でこうこがく体験
http://archaeoring.ld.infoseek.co.jp/orbit/navigator/learning/pdf/komaws.pdf
洞口正史. ユニバーサル展示デザインとしての＜子供用プログラム＞の実験」
http://archaeoring.ld.infoseek.co.jp/orbit/navigator/learning/joubu/tenji/html/index.html
4. 洞口正史. 考古学体験学習パッケージ「どきどキット」ファシリテーターズマニュアル
http://www.d1.dion.ne.jp/~orbit_gu/arch/kit/dokidokit/kit.htm

第2章

科学を遊ぶ

渡邊　昇

1. はじめに──科学館の仕事

　科学を遊ぶ、そう書くと、学校でいやいや勉強させられてちんぷんかんぷんだった理科との違和感をおぼえる方もいらっしゃることと思う。しかし、学校を出てから成績や仕事と関係なく、楽しみのためになにかを学ぶ、それが生涯学習なのであって、科学が生涯学習の対象になっても不思議ではないし、それを支援することが科学館の仕事である。また、児童生徒が科学の生涯学習に触れるきっかけをつくるのも科学館の仕事である。

　科学の生涯学習に関する筆者の個人的な考え方をお知らせしておこう。科学には生き残るためのスキルという側面と高尚な遊びという側面があるが、生涯学習では後者の高尚な遊びという側面が重要視されるべきと考える。科学を学ぶ喜びの大きな部分は、ものごとの背後にある構造について洞察し、理解することであり、つかみ取った概念を利用してなにかを創造することができる、という点にあると思う。科学は本来、暗記物ではない。

　さて、生涯学習の意義や目的は常に意識しなくてはいけないのであるが、科学館に来る人たちは「なにかおもしろい体験をしたい、そういう体験ができるはず」と思っている。刺激の多い現代では動物や石の標本などをみるだけでは来館者も満足しない。そういう中でより深い感動と、理解する喜びを与えるためにハンズオン展示（注1）というスタイルがでてきたのであるが、最近はそれに加えて「ものより人を見せる」という姿勢を明確に打ちだす館が増えている。展示解説員の科学に対する情熱あふれる（かつ、来館者のニーズに合った）解説はすばらしいものである。また、現在生きておられる最

先端研究者の人となりを紹介するのもすばらしいことである。しかし、それ以外に、「人を見せる」というより「人で見せる」、人が演じて伝える、人が問いかけて考えさせる、というスタイルがある。いくつかは昔からあるものであり、いくつかはまだ一般に普及していないものである。

この章ではそのような「人が訴えかけ、参加者が体験する」ことで「科学を遊ぶ」イベント・活動にしぼって紹介したい。以下に、そのようなイベント・活動を筆者なりに分類してみる。

2．「科学を遊ぶ」イベントの種類

(1) 演示実験

決して新しいタイプではないが、実験指導員がステージのような場所で実験をおこない、それを客席でみる、というタイプである。すでにいろいろな企業館でおこなわれている液体窒素の実験ショーなどがこれに入る。このタイプは客席が遠いとだんだん印象が弱くなるという問題点がある。特に、実験自体が小さいと手元カメラ（ビデオ）などで拡大しなければならなくなり、テレビでみているような感覚になることがある。観客の参加度は以下に記す他の例に比べると低いようである。

(2) 実験・工作教室（ワークショップ）

予約した来館者が実験室に入り、指導者の指示にしたがって実験したり工作したりするものである。こちらの方が、ただショーをみているより自分の手の中、目の前で現象が起こるのではるかに参加度は高い。展示物と違ってクイズのように参加者に問いかけ、考えてもらった後でそれを実験で確かめる、というようなストーリー展開が可能である。

科学館で実施する場合、参加者の興味も百人百様であるし、基礎知識においても子どもから大人までさまざまになることがある。ここが学校教育にない難しさである。それにもかかわらず、ある程度の人数を集めてこのタイプの実験・工作教室を実施するのはなぜであろうか。それはこのようなイベントでは、参加者間のディスカッションがひきだせるというメリットがあるからである。もちろん、一律に一つの見方を押しつけることではディスカッションが弾まない。より多様な意見をひきだせるよう、指導者の問いかけは多

様な回答をひきだせるものにしなければならない。このような問いかけをオープンエンドな問いかけという。オープンエンドな問いかけの実践例としてはGEMS（注2）の実験などがある。ワークショップ（注3）と学校型の実験・工作教室の違いについては章末の注を参照されたい。

　実験ショーに比べて、科学館内のスタッフがこのワークショップを企画実施することはまだそれほど多くない。ほとんどは外部の実験開発団体・実験ボランティア等の支援で実施されているものと考えられる。

(3)　実験舞台

　まだ、非常にまれにしかおこなわれないタイプのイベントである。演劇に科学実験がふんだんに盛り込まれたものと考えればよい。ただし、普通の演劇のようなしっかりしたストーリーをもたないものが多い。基本的に出演者がある特定のキャラクターを演じることが(1)の演示実験との違いである。

a．ストーリー性のないもの

　ドラマ的な要素はなく、ただ単に出演者がコスチュームを着て別人を演じることで実験の内容を強く訴えかけるというものである。例えば、白衣を着ることで科学者に扮する、飛行機の実験をするときにライト兄弟に扮する、などという場合、そのキャラクターを演じる必然性があり、それによって印象を強める効果がある。

b．ストーリー性の強いもの、ストーリー自体に意味があるもの

　まだ、非常に少ないと考えられる。実例（後掲5.(2)）の詳細をみられたい。このようなタイプの活動は、単に目新しさでおもしろおかしく実施して来館者数を稼ぐためのものであってはならないと思う。演劇形式で実施することで、他の方法では得られない深い理解と感動を呼び起こすものでなければならない。

(4)　自由参加ハンズオン展示

　特定の部屋に多数の実験装置類を置き、参加者は好きなタイミングで自分の興味をもったところに参加して自分で体験する、というものである。常設展、企画展でも実現できる。このタイプの成否はそれぞれの展示物にちゃんとそのおもしろさを伝えられる人を配置できるか、その場で気楽な会話が始まるか否かにかかっている。筆者はこのタイプを「科学の遊園地」と呼びた

い。

　参加者、特に子どもにはとても人気がある。ストーリーに沿ったワークショップではないが、多様な参加者の多様な理解に適応する活動である。見終わったときの「満腹感」も特徴の一つであろう。

(5) **自由参加ミニ工作教室**

　筆者の知る限り、実施しているのは日本で1箇所だけである。来館者はリストの中から自分がつくりたい工作を選び材料費を払ってキットを受け取り、工作スペースでこれをつくる。作り方はキットの袋に入っているプリントにも解説されているが、それでもわからないときは常時スタッフがついていて質問に答えてくれる。自分のペースでものづくりができる喜びは大きい。

　前述の(1)、(2)、(3)は事前予約で定数が決まっている場合がほとんどであるのに対して、(4)、(5)ではいつでも誰でも参加できる。現代人、特に都市部の小中学生は極めて忙しく、平日は学校、部活、塾、稽古事、帰宅してゲーム、土日は部活の大会や、予備校の模試、スポーツクラブと極めて多忙である。しかも突発的なイベントが入ることがある。忙しい人たちにとって数週間先のイベントの予約を入れるのは心理的抵抗が大きい。往復はがきで締め切りいついつまでに郵送、などという場合、予約する手続き自体も敷居が高い感覚を与えてしまう。

　予約で体験する(1)、(2)、(3)が学校給食タイプなら(4)、(5)はレストランといえるが、忙しい現代人にはこの方が喜ばれるのではないかと思う。しかし、参加者同士のディスカッションを重視する場合、また、見せ方のストーリーを重視する場合は学校給食タイプでなければ難しい。それぞれのタイプを目的に合わせて上手に使い分けることが必要になろう。

　これら科学のイベントを計画・実施する場合、科学のなにを伝えたいのかというしっかりした視点が必要になろう。ただ、おもしろいから、人気があるからという理由でイベントの内容（ネタ）を選んでしまうと、極端な場合、科学でなくてもよいということにさえなる場合がある。例えば、液体窒素で花を凍らせ粉々に砕いて見せれば来館者はびっくりして歓声を上げるだろうが、それによってどんな科学的原理を納得することになるかということを常に考えなければならない。もちろん科学の成果によって、日常体験できない

ことを体験する、それだけでも科学に親しむきっかけとしては悪くないが、館としての設立意義やポリシーがしっかりしていないと安易な娯楽路線に走ることになりかねない。

　以下にそれぞれの実例をあげていく。

3．演示実験

　科学館などで毎日おこなわれるショーの場合、実演時間15～30分程度でアテンダントさんが実施する場合が多い。多くの場合、アテンダントさんは理科系ではなく、誰かが決めたマニュアルにしたがって研修し、あるレベルに達すると来館者の前で実演するようになる。それ自体悪いことではないが、より深い理解と感動のためには、科学に対する情熱の強い人が演示する方が望ましい。

　活動としては、ショーが始まる直前にアナウンスがおこなわれ、ステージの周りに来館者が集まる場合がほとんどで、予約のしばりは強くないが、一般には最初からみていないと価値が下がる場合が多いので、予約タイプのイベントといえよう。

　外部から実験名人を呼んで実施する場合はまた違う。多くの場合、しっかりした事前予約がある。実験名人の場合、あまりにテレビなどで有名になりすぎた実験では来館者にあきられるので、常に新しいネタを開発していかなければならないので大変である。

　筆者が実施した実験ショーをいくつかご紹介する。

(1)　杉並区立科学館：夏休みサイエンスウィークの実験ショー

　杉並区立科学館では毎年夏休み、冬休み、春休みにはサイエンスウィークというイベントを実施している。午前は講堂で科学映画上映、午後には三つある実験室で区民児童生徒向け実験工作教室を実施している。当日昼ごろには、実験工作教室の整理券配布を待つ来館者親子が、エントランスホールに列をつくる。この待ち行列の方々のために実験ショーをお見せした。広い範囲に並んでいるので大きくて遠くから見えるもの、あるいは持ち歩いて行列の先頭から末尾まで順次見せられるものしか意味がない。そのような基準でできる実験を考えた。

筆者の実験ショーは、簡単なネタをいくつも組み合わせて矢継ぎ早に見せるタイプである。料理でたとえれば、幕の内弁当タイプである。ただし幕の内でも、和洋中華のジャンル分けのように統一感がなくてはいけないと思う。あるテーマを決めてそれに合った実験を組み合わせるというのは、後述の「あおぞら実験」で学んだことであるが、みている人にとってのわかりやすさ、印象の強さが増すと考えられる。

　今回は大きいもの、動き回れるものということで「回転」をテーマにした実験を選んだ。ちょっとこじつけ気味のものもあるが、回転するということはさまざまな不思議な現象を起こすものである。その共通性を無意識にでも感じ取っていただきたいと考えた。

　本番当日、ショー開始の館内アナウンスに続いてエントランスホール中央に演者がでてくる。実験の個々の内容を紹介することができない点はご容赦いただきたいが、トロフルックス、皿回し、ディアボロ、パンデイロ（ブラジルのタンバリン）などを回して見せる。皿回しのどこが科学かと問われる向きもあると思うが、回転しているからこそ皿は投げ上げても軸が変わらずに安定して落ちてくるのであって、回っていない皿では曲芸的な技は不可能である、ということを演者は観客に解説する。また、観客中のお子さんに、安定回転している皿のふちを棒で押させ、押したところと90度違う方向が下がるというジャイロ効果を体験してもらう。

　つづいて、回すと音がでるものをだす。オーストラリアのアボリジニの雨乞いの音具・ブルローラー、ヒョーヒョーと美しい音色のメロディーパイプを回す。音の次は電気が続く。釘にエナメル線を巻いた電磁石に乾電池をつないで釘がゼムクリップをつけるところを見せる。まっすぐな方向の電気の流れでは磁石がつくれないことを解説する。高い天井を活かして、プラスチックの羽根をもつ竹とんぼ「プラトンボ」を飛ばす。地球が回っていることについて言及し、科学館の常設展示物であるフーコーの振り子について、地球儀型のビニール風船を使って解説する。最後にぐるぐる回るものをみると「目が回る」と解説し、アルキメデス錯視の円盤を見せる。これは直径70cmの円盤で、電動ドライバーで回すと渦巻きが見えるもの。17秒注視した後で視界がぐにゃぐにゃ動くのが体験できる。このように多くの実験を次々につ

ないでいくショーの場合、キラーコンテンツ（必ず喜んでいただけるネタ）を最後にもってくるのは必須であろう。

　実験ショーにはいくつかコツがある。やや地味な実験（複数）も流れに乗っていれば結構楽しんでもらえること。出しものの最後にはキラーコンテンツを入れて、よい印象でエンディングにもっていくこと。このへんは、演劇や音楽、サーカスなどと変わるところはない。科学実験独特の工夫としては、必ず「観客に参加してもらえる部分を用意する」というところが違うと思われる。実験は常にみるよりやる方が楽しい。そして、みた実験は忘れるかもしれないが自分の目の前、自分の手の中で起きたことは生涯忘れないものである。また、科学的原理を説明するときも、自分で体験したことには興味を示し、その原理を知りたくなるものである。だからこそ観客の参加できる部分は必須なのである。

　実際に実験ショーが終わるとみていた子どもたちがやらせてくれといって近づいてくる。また、お母さん、お父さんに質問を受けることも多い。実験を開発した本人が実演する場合は、科学的原理についても相手をみて解説できるので良好である。マニュアル丸暗記の実験ショーでは、突っ込んだ質問が来ると答えられない、ということも起こる。観客参加型の実験は常にこういう質問攻撃の危険性をはらむが、いってみればそれだけ観客の興味をひきつけられる、ということでもあり、むしろ喜ぶべきことだろう。

　聞きかじりだが、現代美術では観客が参加できるパフォーマンスをしたり、市民のボランティアを募り、作品をつくるときに手伝ってもらったり、みる側の人と相談しながら作品をつくる、などの参加型アートが増えているらしい。理科・科学実験では最初から多くの先駆者・実験名人が観客参加型で実演してきた。今後、音楽も受身で聞くのではなく参加するタイプのものがでてくるかもしれない。

(2)　杉並区立科学館：実験ショー「科学マジックショー」

　中学生の理科の自由研究の優秀作品の発表会の後に、アトラクションとして実施したものである。ショー全体は3部構成で、1部は超能力マジック、2部はペットボトルシリーズ、3部はブラックライトを使った色と光の実験である。

理科の自由研究発表会の併催イベントであるので、二つメッセージを込めたつもりである。まず、この世に超能力などないということを伝えたい。もう一つは身近なもの、例えばペットボトルにも意外な科学がある、自由研究のテーマは意外に身近なところにもあるかもしれない、というメッセージである。

　では、色と光の実験はなにかというと「ショーの最後には必ず受けるネタを実施する」というルールに合わせたものである。小さい子はもちろん大人でも、「音がするもの」「色がついていたり光ったりするもの」「動くもの」の実験や展示は印象が強く、一般に好評である。このあたりは学校の理科の授業とは違うので、別の工夫が可能である。

　このときも、ショー終了後に客席に対して、やってみたい実験があればステージに上がってやってよい、と誘いかけると、児童生徒のみならず大人も何人か上がってきて、風船を浮かべたり、蛍光塗料を混ぜたりした。繰り返しになるが、ショーをみせるよりも可能な限り自分で体験してもらうことが重要であるということである。

4．実験教室・工作教室（ワークショップ）

◎　東芝科学館：小向東芝少年少女発明クラブ

　少年少女発明クラブ（http://www.jiii.or.jp/clubnews/）は、財団法人発明協会の事業の一つで、少年少女有志に科学技術とものづくりに親しんでもらい、特許などの知的財産を尊重することを学んでもらうことを目的に、地域につくられる任意団体である。

　科学館を会場にする場合や、工業高校などを会場にする場合、民間の集会所でやっている場合など、いろいろなタイプがある。2005年4月1日現在、全国47都道府県に182のクラブがあるそうである。

　小向東芝少年少女発明クラブは東芝科学館を会場にし、2004年には、ここに通える範囲の小4～中2の子どもたち約70人が参加した。発明協会の担当の方からは、「同じものが完成する決まりきった工作教室はやってほしくない、考えること、アイディアを出すことを大事にする精神を育ててほしい、それと同時に知的財産（IP）を尊重する文化を形成するよう働きかけてほし

い」と依頼された。そのとき頭の中にあったのは、「①実験ではないものづくり、②オープンエンド、③ワークショップ」であった。

　そこで理科関係の人脈を駆使していろいろな活動案を探しだし、発明クラブ向きにアレンジした。特に「ガリレオ工房」（注4）のメンバーであるボストン子供科学館（当時）の土佐幸子さんが、アメリカの科学館などでおこなわれるワークショップを本などで紹介してくださっていたので、ずいぶんそれに助けられた。以下にご紹介する「紙の橋」「卵落とし」は、土佐さんご紹介のネタである。「大きな飛行機」は、同じガリレオ工房の原口さんの実践を参考にした。

　以下の活動例は発明クラブ以外の工作イベントや実験教室、本格的ワークショップで実施することも可能と考える。内容については、その館の個性に合わせて修正していただければ幸いである。また、オープンエンドで創意工夫の余地のあるワークショップ案はまだまだ数が少なく、今後さらに新しいものを開発していく必要があると考える。

a．紙の橋

　葉書大の紙を好きなように工作して、重いものが載せられる橋をつくるというチャレンジ。活動開始後、まず、参加者による「よい橋とはなにか」のディスカッションをおこなった。続いて工作とコンテスト。予選、本選と進めて、最後に優秀作品の講評をおこなう。材料は、葉書大（約15cm×10cm）の厚手の紙（ほんものの葉書用紙を使った）。セロハンテープ代わりのシール（約1cm×4cm）を一作品に3枚まで。材料以外に道具としてはさみや定規を用意した。

　工作を開始するとクラブ員は、それぞれ独創的なアイディアで橋をつくった。曲げて段ボールのようにしたり、折り曲げて三角筒にしたり、丸いパイプにしたりする。最初はとまどっているクラブ員も他のクラブ員がつくり始めると自分の作品に集中するようになった。最後には耐荷重3kgの作品も現れた。

b．卵落とし

　卵落としは、生卵を紙やストローなどで包んで保護し、高いところから落とすという、創意工夫の余地が大変大きいチャレンジ型のワークショップで

落下直前、緊張の瞬間

割れなかったかな？

ある。アメリカではごく普通にegg dropとしてあちこちでお祭り的に実施されている。大学によっては、工学部1年生の発想の柔軟性を鍛えるために課題としてやらせている。東京工業大学では学生主催で実施されている。前述のボストンの土佐さん本人も来日時、出雲市科学館で卵落としを実施している。

以下に筆者が発明クラブで実施した例を、やや詳細にわたってご紹介する。これはあくまでも一例なので実施するときはその場の条件に合わせて修正していただきたい（写真は杉並区立科学館で実施したもの）。

活動開始直後、参加者に火星探査船のCGビデオ上映。卵落としのルール説明。ルールとしては工作用紙1枚とセロハンテープ1巻のみを使って作品をつくり、作品には目玉クリップで吊るす部分をつけること、吊るす部分からビニール袋に入れた卵までの距離は50cm以内を設定。工作を開始し、作品ができたクラブ員から、実際に作品を落としてチャレンジしてもらう。壊れた卵は捨てずにスクランブルドエッグや目玉焼きにしてすべて食べる。締め切り時間で講評、最優秀作品賞（課題達成作品中、最も軽量な作品）、優秀デザイン賞を表彰。

最後に、衝撃でものが壊れないようにする研究は大人もやっているということを紹介するために、アルファゲルという高性能の衝撃吸収材を拝借し、生卵をその上に落としても壊れないのを見せた。

ルールとして今回は工作用紙を利用したが、これは東芝科学館の吹き抜け階段を落下場所としたためで、もっと低いところから落とす場合はストロー16本とセロハンテープなどという場合があるし、大学の工学部で6階から落とす場合には大きなダンボールを利用するなど、ルールはそれぞれの条件に

合わせて変える必要があろう。

　1回目の試技で失敗した（卵が割れた）クラブ員には、あと一つだけ卵とビニール袋を与えた。ただし、工作用紙とセロハンテープは追加されない。2回とも失敗するクラブ員もいるが1回目は炒り卵にしかならないほど粉々だったものが2回目には目玉焼きがつくれる程度の割れ方になった。

　このワークショップを実施するときは、決して事前に割れない工夫のヒントを与えてはいけない。筆者としては、このワークショップを実施する場合には、事前に指導者自身、実際にやってもらいたいが、子どもたちの発想の柔軟さを紹介したいので以下に工作用紙の場合の割れない工夫例を示す。

・筒をつくってその上部に卵を入れ、落下して筒が地面に衝突すると中で卵が滑って衝撃を吸収するもの。筒の中に障害物をつくってそれで減速するタイプもある。このタイプは横に倒れたとき無防備なことがある。
・卵を箱に入れて、箱が壊れることで衝撃を吸収するもの。この箱の中にクッションになる紙製のバネを入れるタイプも多い。
・パラシュートをつくって落下速度を遅くするもの。ただし、たいていパラシュートのみではスピードが抑えきれない。

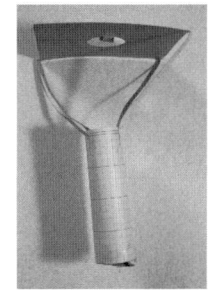

成功した作品例

　このあたりが代表的な工夫であるが、クラブ員が40人もいると指導員が想像もしなかったアイディアがでてくるものである。ある生徒は紙筒内につくったセロハンテープのハンモックに卵を固定したが、これは2階からの落下を楽々クリアし、本人自身の手で3階から落下させ、そこでも成功した。

　卵落としは創意工夫のおもしろさを体験するための代表的なワークショップである。卵落としの経験を紹介するとたいていの人がやってみたくなるものである。すでに杉並区立和田中学校（民間出身の藤原校長で知られる）の物理の時間にも実施している。また、杉並区立科学館でも実施し、大人の方にもご参加いただけた。このときは大人の方の作品で陣笠を逆さにして落とすようなタイプがあったが、予想外に2階、3階とも卵は割れなかった。卵落としは指導員側にとっても勉強になる活動である。

c．大きな飛行機

　この回の目的は「夢をみる→設計する→小さな模型で試す→実物をつくる」という本当の技術開発の過程を楽しみながら体験してもらうことである。小さい模型で成功した後、大きくしてみると小さいときとは違う現象が起きる。そこで新しく出会った問題をアイディアと努力で解決することを学ぶ。

　活動内容としては、小さな模型飛行機を参考に与えられた材料（角材、スチレンペーパーなど）でできる限り大きな飛行機をつくり、実際に屋外で飛ばす、というシンプルなものである。実際にできた飛行機は翼幅80cm、全長1mにもなった。室内で試験飛行した後、屋外の芝生で本飛行を実施した。この活動は飛ばす場所がないとできないという問題点があるのが難点である。終了時間が来たら、よく飛んだもの、工夫がよかったものをとりあげて講評する。

　飛行機は飛ぶとうれしいものだが、大きい模型飛行機は予想以上に長距離を飛ぶ。屋外で飛ばす開放感も格別である。参加児童は興奮して芝生を走り回った。また、このような活動では予想もしない工夫をするチームが必ずあるもので、小さい模型飛行機を3倍に拡大するとき、翼の厚さを3倍にするため、スチレンペーパーを3枚重ねにしたチームがいた。指導員にとっても勉強になる活動であった。

d．ロボコン（ロボットコンテスト）

　板にモーターと車輪を2組とりつけ、ブルドーザーのアームのようなものを工夫してとりつけ、二つのモーターを2人がかりで手回し発電機によってドライブし、ピンポン玉をゴールに押し込む競技。一般にゲーム性の高いワークショップでは参加者は熱くなる。実際、発明クラブでは、部屋の気温が3度以上、上がるような熱気となった。ここでもブルドーザーのアームを前後二つつけて、どちらからでも攻撃できる台車をつくるなどのアイディアがみられた。

　以上、ワークショップタイプをいくつかご紹介してきたが、このタイプの活動を企画するときは、①なにを学んで欲しいか、②参加者のどんな能力をひきだしたいのか、③オープンエンドであるか、④ディスカッションの時間はとれているかの4点を必ずチェックすることが必要である。

5．実験舞台

⑴　ストーリー性のないもの

・東芝科学館：わくわく実験ショー「音の実験ショー」

　出演者は原始人（筆者）と現代人（後述の吉田のりまき氏）の2人で、ドラマ的なストーリーはないが、ヒトがサルから進化し声を手に入れるまでを紹介、それに続いて、ビンのようなものの音の仕組み、笛のように管になったものの音の仕組みについて、さまざまな実験を入れて紹介する。例によって大量の実験を入れ、パワーポイント（パソコンで上映できるスライドショー）をプロジェクタで投影し、舞台の書割と説明図などの両方に使った。

　筆者が関係した実験舞台はいわゆるマルチメディア的で、このときも、人の演技、実験、スライドによる書割、参考用ビデオ動画映像、手元拡大カメラ、音楽（デジタルのマルチトラックレコーダーに筆者自身で録音したもの）、観客の手元実験といろいろな方法を混用している。このような多種類の提示・表現方法を混用することで長時間（2時間弱）の集中を可能にすることができると考えられる。ショーの最後には観客全員がポスターを巻いてつくった楽器で童謡「チェッコリ」を演奏して盛り上がりのうちに終了した。

　ショー終了後、ステージでやった実験をやりたい人は残ってやっていってよいというと、たくさんの子どもたちが上がってきて夢中になって体験していた。一番驚いたのは原始人の姿をした筆者に握手を求めてきた小さい子がいたことである。

⑵　ストーリー性の強いもの（ストーリー自体に意味があるもの）

a．東芝科学館：わくわく実験ショー「ものの浮き沈み」

　このショーは「科学の本の読み聞かせの会・ほんとほんと」の吉田のりまき氏（女性、前記）が企画したショーである。ストーリーとしては、いたずら実験で事故を起こし罰として、神様にサル（吉田のりまき氏）とタヌキ（筆者）に変えられた2人が人間と実験競争をして勝つと赤い玉がもらえ、赤玉10個を集めると人間に戻れる、という設定で人間の子ども（高橋氏）に挑戦する、というものである。

　実験の内容はものの浮き沈みという比較的地味なテーマで、大爆発も電気

火花もない、どちらかといえばショーにするには難しいものである。しかし、吉田氏の脚本のおかげで、参加者も十分に楽しんでいただけたようである。ストーリーは3部構成で、①このものは水に浮くか沈むかというクイズ的な前半、②浮かないものを浮かせる方法を探る中盤、③浮かせることで人を「魅せよ」という後半でできている。このように全体をいくつかにまとめることで参加者は集中力を切らすことなく実験内容についていけるようである。

b．日本科学未来館MeSci：実験舞台「光は未来を拓く」

　これは多くの館員と館のボランティアが一緒になって企画した。最初の段階から、科学の力で困難を克服してきた人類の壮大なドラマを伝えようと考えられた。それとともに、環境問題は過去の生活様式に戻るしかないというものではなく、科学の力でよりよい解決方法をみつけられる、という考え方も含まれている。

　ストーリーは、暗闇の中にいた原始人が火を手に入れ、ランプやろうそく、ついで白熱電球を発明し、もっと消費電力の少ない蛍光灯を発明するが、それでもエネルギーの使いすぎで地球は危機に陥る、というもの。よりエネルギー消費の少ない発光ダイオードが開発されるが、それも赤と緑までで青ができず、赤と緑だけでは白い光がつくれない。狂言回しのようにでてくる「影」という「人類の敵」的な存在が、人間がつくった発明の欠点を指摘し、地球が破滅するぞという警告を発する。最後に研究者・中村修二氏が青色発光ダイオードを発明するまでの物語があり、休憩なし約2時間というものである。全体としてこの「影」対人間のたたかい、競争がつらぬいているが、最後に人間側勝利の後、「影」は自分の正体が「人間自身の影」であることを語る。児童生徒にはやや難解かと心配したがすんなり受け入れてもらえたようであった。

　劇中には、火おこし、鉛筆の芯による白熱電球、スポットライトの熱とレンズで大きな風船を割る、蛍光塗料でRGBの光の三原色の混色、静電気による蛍光灯の発光、ステージに児童生徒を上げて手回し発電機で白熱灯と蛍光灯とダイオードを点灯させ効率の差を体験する、白い光やフルカラー映像にはRGBの三原色が必要なことをスライドで紹介、などといったたくさん

の実験を入れてある。

観客にお土産として配った袋の中には、RGB3色の発光ダイオードが入っていて、3色の光を混ぜると白い光ができるというガリレオ工房の板倉氏開発の手元実験もある。ここでも参加者には、終了後ステージに上がり劇中実演された実験を体験してもらったが、大変な混雑になった。

6. 自由参加ハンズオン展示

「青少年のための科学の祭典」(注5)というイベントは全国で開催されるが、もっとも有名なのは毎年夏休みに北の丸公園の科学技術館で開かれるものであろう。全国からおもしろい実験や工作のネタをもっている学校の先生、研究者、社会人といった人たちが集まって屋台形式でそれを見せる。会場の科学技術館1階に入ると、広い場内にところせましと机が並べられ、さまざまな実験イベントがあり目移りがする。

来た人はすべてをみる必要はないし、見学順も決まっていない。おもしろそうだと思った机に近づき、先にやっている人の手元をみる。順番が来たら自分で実験に参加し、場合によっては工作物も持って帰れる。

最近は規模も大きくなって全部を一度に公開できなくなり、期間前半と後半の2部構成になっている。とにかく自由参加ハンズオンというタイプの特徴をとても強くもっている。それぞれの机には、実験開発者自身が立っていて熱心に説明してくれるところもすばらしい。この規模を一科学館で実施するのはなかなか難しいと考えられるが、小さめに実施することは可能と考えられる。現に、元ソニーの竹内幸一氏はミニエクスプロラトリアムと称して、このタイプの自由参加ハンズオン展示物を多数自作し、電気通信大学で常設し、また求めに応じて出張実施している。

前述したように、このタイプの成否は、それぞれの展示物にちゃんとそのおもしろさを伝えられる人を配置できるか否かにかかっている。無人展示になると、「観客の参加」という点ではよいが「人が見せる」という部分が弱くなってしまう。

竹内氏の出張ミニエクスプロラトリアムの場合、招聘側から多くはボランティアである程度の人数をだしてもらって、展示物の中に立ってもらうよう

にしている。このようなイベントに参加したボランティアの方が自分たちで同様のイベントを実施できるようになると、人材の拡大再生産が可能になる。それは人々が科学に親しむチャンスを増やすことにつながると思う。

7．自由参加ミニ工作教室

・二戸シビックセンター：田中舘愛橘記念科学館自由工房

　ワークショップや実験・工作教室を実際に企画実施してみると、参加者募集に苦労する。予約制にすると当日キャンセルが必ずでて、用意した材料が無駄になる。当日先着順にすると、とても少なかったり、定員オーバーになったりする。理想的には、いつ科学館に行っても、その場で希望する実験なり工作なりができることが望まれる。ただ、そういうワークショップ自体、運営の点で実施不可能だろうと考えられていた。ところがすでに実施している館がある。

　岩手県二戸市は、日本の物理学の祖である田中舘愛橘（たなかだて・あいきつ）氏の出身地である。当地には氏の功績を広く世に伝えるため、同志が集まってつくった愛橘会というグループがある。このグループが二戸市に働きかけ予算がつき、二戸シビックセンター内に田中舘愛橘記念科学館ができることとなった（http://www.civic.ninohe.iwate.jp/aikitu.html）。

　展示は愛橘氏の功績を紹介する田中舘博士記念工房、実験ショーを実施す

"？から！へ"　自由工房でLet'sサイエンス！

■自由工房
自由工房は子どもから大人まで、また親子でも楽しむことのできる実験・工作コーナーで、次のような特徴があります。
その1　開館時間であれば、いつでも利用することができます。
その2　科学教室とちがい事前の申し込みの必要がありません。
その3　ひとりでも利用することができます
その4　たくさんあるプログラムの中から、自分の好きな実験・工作を選択し体験することができます。
その5　材料費はほとんどのものが50円から300円と低料金です。
その6　どの人にもスタッフがついて、やさしく、分かりやすく作り方を説明します。
その7　時間のない人のために実費で材料のみを提供しています。
　ただし、材料に不備がないかどうか、その場で必ずご確認ください。
　※数が多い場合は、お断りする場合がございます。

る科学実験体験工房、そして、自由に来館者が工作を楽しめる自由工房からなっている。この自由工房がとてもユニークである。前掲の囲みはホームページからの引用である。

来館者はカウンターでリストから選んでキットを購入し、右の写真のテーブル上で工作を完成させる。この自由工房のシステムは、にぎりずしでいう「お好み」のようなものである。学校給食と違って食べたいときに食べたいものを、しかも旬のものを食べられるというのは理想的来館者サービスであろう。このような、来館者の求め（demand）に応じて提供できる実験や工作、活動を筆者は「オンデマンド・アクティビティー」と呼びたい。

自由工房

メリットとしては、事前に予約しないですむので参加するのに敷居が低い。運営側にとっても予約客の過少、過多、当日キャンセルの心配、材料の無駄、すべてから解放される、という点があげられる。複数のキットを提供する場合、キットごとの人気の度合いも定量的にわかる。

運営側にとってのデメリットとしては、参加者は各自、勝手な内容、違うタイミングで工作をするので、作り方の説明がとても煩瑣になる点があげられる。実際、40名全員一斉に同じ工作をさせる方が圧倒的に楽であろう。数十の工作の内容を熟知して、どこからでも来館者（多くは児童）にアドバイスできる人員が必要になる。また、その人員を来館者が来ないような日でも常に現場に待機させる必要がある。これは運営上なかなか簡単ではない問題と考えられる。しかし同館では、スタッフの熱意によって実際に運営されているところがすばらしい。

8．あおぞら実験

科学館の活動として実施されているわけではないが、特異な科学文化普及活動として、また科学館のアウトリーチ活動のヒントとしてぜひ紹介したい。

科学館、実験教室などに来る人はもともと科学に興味がある人である。し

かし、河野晃氏が始めた「あおぞら実験」(注6)では、興味のない人たちにも科学のおもしろさに気づいてもらおうと、無償のボランティアが集まって、毎月第1日曜日に、東京吉祥寺の井の頭公園に机をだし、通りがかりの人に実験や工作を体験してもらっている。ここに来る人たちは別に理科が好きとは限らない。それどころか理科・科学とは縁遠そうな緑色の髪の毛をモヒカンがりにした青年が、こちらが用意した実験に参加したこともある。

　あおぞら実験のプログラムにはこの章でご紹介した、人がかかわる活動のうち(3)実験舞台以外のほとんどの要素が含まれていて、また、完成度が高いのでぜひ紹介したい。実施当日の内容は大きく分けて四つの部に分かれている。参加の部、ショーの部、自由の部、ランキングの部、である。

　「参加の部」は、参加者が自分で工作をして作品が持ち帰れるというものである。これは前記の分類でいえば、(2)実験・工作教室（ワークショップ）と(5)自由参加ミニ工作教室の間あたりに入る。工作の種類は1～2種類であるが、いつでも始められ予約の必要はない。そもそもあおぞら実験全体が、予約不要ではある。

　「ショーの部」は、前記の(1)演示実験に相当する。ただし、「これからショーを始めます」とアナウンスして、あたりに集まった人たちを相手に始めるので、かなり勇気がいる。

　「自由の部」は、(4)自由参加ハンズオン展示に相当する。

　「ランキングの部」は参加型のイベントであるが、ここまでに書いたものとやや毛色が違う。強いていえば、(2)実験・工作教室（ワークショップ）に近いが、授業形式で一斉に始めるものではなく、参加者各自が好きなタイミングで始められる。ただし、工作ではなく、なにかのスキルを磨いてもらうことを目標にしている。例えば皿回しである。コツをつかんで皿がきれいに回り、回し棒が皿中央のへこみにピタッと入ると快感がある。ある程度、ゲーム性を強くし、チャレンジするおもしろさ、できたときの達成感を感じてもらうことを目的にしている。「参加の部」の工作が、児童生徒に人気があるのに対し、「ランキングの部」は、大人にも人気があるという傾向がある。

　このようにあおぞら実験は、さまざまなスタイルを取り入れて通りがかりの人たちにアピールしてきている。しかもその内容は、毎月テーマを決めて

変えている。このような活動が、まったくのボランティアによって維持されているということは、科学館関係者にとっても大いに参考になるものと考えられる。

9. まとめ

　科学館・科学博物館の活動スタイルは、資料展示（化石や鉱物標本を置く自然史系）→産業振興（科学史、産業史系）→参加型（ハンズオン展示、市民の生涯学習）の順で発生してきたが、いま「人が演じ、人が参加する」タイプがでてきている。ここにご紹介した(1)演示実験、(2)実験・工作教室（ワークショップ）、(3)実験舞台、(4)自由参加ハンズオン展示、(5)自由参加ミニ工作教室は、すべてが新しいものというわけではないし、また、新しい活動のすべてでもないが、より「理解する喜び」に近づこうとする試みといえる。

　この新しい活動のキーポイントは「ものではなく人が見せる」ことと、参加者が「直接体験できる」の2点に尽きると思われる。このような活動を企画実施できる人材、活動がなされる場がもっと増えることを期待したい。

◆注釈
1. ハンズオン展示：かつて貴重な資料には「触れるべからず！」と書いてあった。しかし、最近の科学館ではさわって動かすことを前提にした展示物が増えてきている。そのような展示物をハンズオン展示、という。例えば、ある装置のハンドルを回すとある現象がみられる。回し方を変えるとその反応も変わる。その入力と出力の関係から、なんらかの規則性が「納得」できる、そういうものがハンズオン展示である。ガラスケース越しに資料をみるのに比べて来館者が積極的に参加する程度が高くなっている。そのため参加体験型展示ともいわれる。これは市民が科学を遊ぶには理想的な展示手法である。
2. GEMS（Great Exploration in Math and Science：数学と科学の偉大な冒険：http://www.jeef.or.jp/GEMS/gems.html）の略で、アメリカのカリフォルニア大学ローレンスホール研究所が開発した一連の実験プログラムの名称である。筆者はオープンエンドな問いかけという概念をGEMS実験の研修で学んだ。日本ではティーチングキッズという団体（代表・古川和氏）が実施し、指導員研修をおこなっている。科学館の企画関係者でどんなイベントをやったらよいか悩んでいる方は一度GEMSの講習を受けられるとよいと思う。
3. ワークショップ：ハンズオン展示は、基本的に一人で来館しても学べるものであるが、人と人が対話し仮説を立て、それを実験で確認する、といったような方法でこそ学習できるテーマがある。そこでワークショップを開催するのであるが、これにより、より参加度が高くなり、より満足度が高くなる。また、常設展示物は開発の期間と費用が負担になるが、ワークショップならば、すばやく安価にプログラムを変えることができるので、企画開発スタッフの能力しだいであるが、タイムリーな話題を提供することもできる。最近の科学館ではワークショップを実施するスペースをもったものが増えてきた。ただ、本当は実験教室とワークショップは分けて考えなければならない。いわゆる実験教室は、スタイルとして学校授業の延長線上にあり、参加者は指導員の指示どおりに実験をしてただ一つの正解に向かって進む。よいワークショッ

プでは性急にただ一つの正解へと進まず、参加者同士で意見を出し合い、ディスカッションして進む。プログラム全体がオープンエンドになっている。
4. 特定非営利法人ガリレオ工房（http://www.galileo-sci.org/index.php）は、代表の滝川洋二氏をはじめ米村伝次郎氏、後藤道夫氏も在籍しているという老舗である。非常に多くの著書があり、各地のイベント、出張実験に積極的に参加している。もともとは高校の物理教員が中心だったが最近は非常に幅広い人材が参加している。
5. 科学の祭典は、科学技術館のみではなく現在は全国で開催されている（日本科学技術振興財団「科学の祭典」事務局／電話：03-3212-8447）。類似のイベントで「青少年の科学体験まつり」というものもあるが、こちらは日本科学協会が主催している（http://www.jss.or.jp/taiken/index.html）。
6. あおぞら実験室：河野晃氏が始めたグループCAPPA（Creative Aozora Play and Performance Association：カッパ）の主要な活動。メンバーは中学高校理科教員、科学館員、主婦、学生などさまざま（http://www.aozora-jikken.com/）。

第3章

美をみつける回路をひらく

稲庭　彩和子

1. 新たな出発の中での教育活動

　神奈川県立近代美術館は、葉山館、鎌倉館、鎌倉別館の三つからなる。東京から車で1時間余り、美しい海辺に建つ葉山館は、海と山に囲まれ、潮騒の聞こえる、ゆったりとした美術館だ。鎌倉館は鶴岡八幡宮境内にあり、鳥居を入ってすぐ左の平家池の池辺に建っている。池の水面に広がる波紋は陽光でテラスの天井に映り込み、静けさの中でゆらめいて、作品と出会った後の余韻を楽しむ空間をつくっている。建築家ル・コルビジェ（Le Corbusier）の愛弟子だった坂倉準三が設計をした。その日本のモダニズム建築を代表する建物を一目みようと館を訪れる人も多い。鎌倉館は日本初の近代美術館

葉山館（2003年開館）

鎌倉館（1951年開館）

鎌倉別館（1984年開館）

として戦後いち早く、国立の美術館4館よりも先に開館し、日本の美術館活動を先駆的に開拓してきた。一方、葉山館は2003年10月にオープンした真新しい美術館だ。鎌倉での開館から50年余り、その半世紀の間に社会は大きく変化し、それにともない美術館に求められる役割もまた急激に変化してきた。神奈川県立近代美術館は葉山館の開館を機に、これまで引き継がれてきたよさを継承しつつも、美術館が暮らしの中でより活用されるよう、今を生きる人々と社会との関係を見直しながら活動していくことを目指している(注1)。教育普及活動を改めて推進しているのは、その方向性の一つである(注2)。

　鎌倉に美術館が開館した1951年は、日本はまだ占領下であった。価値の定まった宝物を開陳するための古典的な美術館ではなく、ニューヨーク近代美術館のような(注3)、現代の批評的な目を持ってそれぞれの時代の美術を見直し、発見し、自由な精神の場を確保しつつ、美術の歴史を新たに構築していく意志を持って開館した。戦後の混迷の中、人々は今では想像がつかないような強い欲求を持って、文化的活動を求めていた。鎌倉の近代美術館はその熱望の結晶として始まり、ひとつひとつの仕事は社会教育活動であるという強烈な意識とともにあったと当時の学芸員は伝えている(注4)。

　時代によって社会が変われば、美術館に求められる役割も変わっていき、私たちがなにを「美術館の教育普及活動」ととらえるかも時代によって変わる。例えば、美術館の展覧会がまだ珍しかった1950〜60年代は、美術展そのものが教育普及的な活動として、とらえられていた。しかし時代が移り、70、80年代を経て経済的な豊かさを得た社会で展覧会形式が成熟し、学術的な指向をより強めていくと、各地に次々とできた美術館がおこなうひとつひとつの展覧会が、美術作品を人々の中に押し出していく力は相対的に弱まっていき、展覧会自体の教育普及的側面は、受けとめる側にも、つくる側にも薄くなっていったのではないだろうか。そうした中、作品と人々の仲立ちとなる美術館という場自体を、社会に積極的に意識してもらう活動が必要とされ、また、人々の方から美術館にかかわることのできる、より参加性の高い交流のある活動が求められるようになった。現在ではそうした美術館や美術や作品をめぐる人々のかかわり合いを支え、提案していく活動まで含めて教育普及活動ととらえられつつある。それは教育普及活動というより、美術館とい

うシステムを社会の中で有効に機能させるための、コミュニケーションを支援しデザインする活動といってもいいだろう。

　時代だけでなく社会・国が違えば、別の活動のあり方がある。欧米の中でも教育普及活動が盛んな美術館では、そのとらえ方は少し違う。教育普及担当者は研究者と利用者の仲立ちとなり、来館者にとって展示をより効果的なものとするための専門家として、展示とそれにともなう活動を研究者とともにつくっていく役目がまずある。また、

館長のギャラリートーク

日本での教育普及活動といえば作品への理解を促すギャラリートークや、作品をつくる造形活動のようなものをまず思い起こすかもしれないが、欧米の美術館では作品はコミュニケーションを媒介する素材の一つと考えることが多い。作品を媒介にして言葉を交わすことで、現地語の習得、言語能力の増進を目的とする授業をしたり、それぞれのアイデンティティーの確立を目指して、他者理解、自国理解、異文化理解を目的として美術館が活用されている。参加者が個人的な作品の理解の仕方を表明し、相互に取り交わす活動が多い。日本でも考えていく必要があるだろう個々のアイデンティティーの確立の問題や社会格差や多文化社会への視点は、今の日本の美術館活用の中ではほとんど意識されていない状況にある。

　美術館が生きていこうとするかぎり、私たちが悩みながら人生を過ごすのと同じく、美術館もその時代その社会の中でどのように活動していくべきか模索し続けている。そこには正解も完成形もなく、日々変化する社会の中で理論と実践を行ったり来たりしながら、未来像を描き、常に試行錯誤を繰り返す。次にあげる事例は、美術館が教育普及活動を模索する過程でのほんの一端に過ぎない。つまり、日本の美術館の教育普及活動を概観するものではなく、教育普及活動はかくあるべしと答えを提示する事例でもない。また、神奈川県立近代美術館の教育普及活動の全体を伝えるものでもない[注5]。この時代この場所で、美術館がなにを提供できるのか、ということを考えたものでしかないが、美術館活動の可能性を考える小さなきっかけになれば幸

いである。

2．実践例1「きょうの はやまに みみをすます」

　カタコトと音が鳴り、ユーモラスにゆっくりと動く作品が、山と海の美しい葉山の風景の中にとけ込んでいる、そんな野外の風景を散策しながら楽しむ2か月間のプログラムが、2004年の夏におこなわれた。神奈川県立近代美術館の新館としてオープンした葉山館の、初めての夏を迎える企画だった。構想から実施まで、どのような過程であったのか、その道のりを追ってみよう。

(1) 構想が生まれる

　美術館の仕事に限らずどんな種類の仕事であれ、発端というのは、なにか小さな思いから始まるのではないだろうか。ある経験や体験を通しておもしろい、必要だ、有効だと感じたことが、時と場合に応じて現実的な活動として構想される。

　「きょうの はやまに みみをすます」は美術家・松本秋則[注6]の音と動きのある作品を核とした企画で、2004年度の葉山館での夏の教育普及活動を考える中で、一つの案として出たものだった。次年度に展示室でおこなわれる美術展は決まっており、それと並行しておこなう教育普及活動案を考えなければならない。目指すところは、ふだん展覧会に慣れ親しんでいない人も美術館に呼び込めるような企画で、かつ新しい美術館の場に親しんでもらえる内容がよいと思われた。

　数年前にイギリスの高校で松本秋則の展示とワークショップを見て関心を持っていた私は、松本さんの作品ならば、多くの人の目にとけ込み、また葉山館の風景と呼応して、その空間にのびのびとひらかれた雰囲気を生むのでは、と考えた。

「海の風鳴り」(松本, 2004)

(2) 予算の確保

　葉山館がオープンしたのが2003年10月の秋。この開館にともなう膨大な作

業が一段落した年末から、本格的に次年度の教育普及活動の詳細な計画づくりが始まった。松本秋則の作品をとり入れた案は一応検討してみることとなるが、予算はとても限られており、小さな予算でできることをおこなうか、もしくは外部からの予算を獲得するしかなかった(注7)。

　その前年、ある小学校のサウンド・エクスプローラー・クラブという音を聴く活動にふれ、興味を抱いていた私は、少しでも企画の実現を模索しようと、そのクラブ活動を担当する先生と協力して研究費の獲得を目指した。研究の目的はクラブ活動の中で松本秋則の作品の可能性を探るものだった。企画を練っていく段階では、なによりも思考を重ねる時間が大切だ。いろいろな人と相談をしながら、なにが一番おもしろいのか意見をいい合い、また作家とも話し合い、信頼関係をつくっていく時間も必要だ。時には具体的なことを実験的にやってみて費用が発生することもある。そうした試行錯誤を研究プロジェクトとし目的を持ってできれば理想的であるし、小学校でおこなえば、子どもたちを、美術館でおこなったときの来館者モデルとして想定し、作家や作品に対する彼らの直接的な反応も知ることができる。

　先生の努力のかいあって研究費がつくことになり、松本さんと子どもたちが出会う場に私もかかわりながら、松本秋則の作品をとり入れたプロジェクトを考えていくことになった。この時、以前イギリスの高校でのプロジェクトを企画・コーディネートした三ツ木紀英さん(注8)にも相談し、研究プロジェクトにも参加していただいた。なんのために、なにをしたいのか、目的について話し合い、それを達成するための方法について意見を交わす相手を得て時間を持つことは、料理でいえばベースとなるおいしいスープをゆっくりととる時間に似ている。一見、効率的でないような話し合いと時間の流れからスープはにじみ出してくるのではないだろうか。

　1月になると、地域との連携した体験活動を推進する「文化体験プログラム」という文化庁が委託する事業の募集が始まった。企画を申請して、採用されると文化庁からその事業を委託され、共催事業となり予算がつく。企画の申請は、美術館単独でなく地域と連携し、地元市町村と一緒に実行委員会を立ち上げることが条件になっていた。開館してまもない時期の教育普及活動であれば、地元と連携をしていくことは理想的な展開でもある。その土地

に根づかなければ、居心地のよい美術館にはなりえない。企画の内容が町側に受け入れてもらえるかわからないし、こうした事業の募集期間というのは短いことが多い。うまく算段がつくか先は見えないが、しかし可能性は挑戦してみなければ始まらない。急いで企画案の書類を作成し、葉山町へ相談に行った。その時点では「案」に過ぎないが、もし町側との話し合いがうまくいき、さらに文化庁の審査が通過し事業予算がつけば町との共催となる。続けてその依頼の申し入れも葉山町に出した。

　ありがたいことに町側の理解と協力は得られた。そして新年度も始まり、まだかまだかと待っていた4月中旬、文化庁からも採用との結果が正式に知らされた。申請通りの年間約360万円の予算で文化庁との共催事業が始まることとなったのである。

(3)　準備段階のスケジュール——スタートまで実質2か月半——

　企画案が採用されるのにともない、早速、葉山町と葉山町教育委員会、そして神奈川県立近代美術館が連携して「葉山地域文化体験プログラム実行委員会」を正式に立ち上げた。その名も「葉山地域文化体験プログラム」と題した採用企画案は、葉山という地域性と美術館が持つリソースを活かした体験プログラムを、平成16年度中に14回おこなう内容だった。「きょうの　はやまに　みみをすます」はその中心的な企画で、2か月間の展示に7回のワークショップ・プログラムを含む。予算は、県側の支出分も入れて全体が約370万円のうち「きょうの　はやまに　みみをすます」に約290万円の予算があてられた。開催は夏の時期の展覧会「柳宗悦の民藝と巨匠たち」と合わせ、6月26日から8月29日とした。館内の展示室では柳宗悦の展覧会を、エントランスと館の周りでは、この「きょうの　はやま……」をやっている形になる。美術館は館内の展示室以外は自由に出入りできる無料のスペースなので、誰でも気軽にこのプログラムを体験できる。ちなみに、高校生以下は、館内展示室もいつでも無料である。

　予算、実施日が決まってくると、すぐに具体的な作業に入った。今回の場合6月末が開催のスタートで、企画案採用の結果が出た4月上旬から実質2か月半しか準備の時間がない。準備段階を十分に確保するには実施スタートを年度の後半にすればよいが、年間を通してのバランスのよい活動を考える

と、それも難しい。外部からの単年度予算で運営する事業の難しい点はこの準備期間の短さにある。予算が決まるシステムがもう少し早い時期であればよいのにと思わずにはいられない。予算が確定してから始めたのでは間に合わないため、事前から企画案が採用されなかった場合の自前の予算でもできる小さな企画と、予算を獲得した場合と両方を考えて前年度にできるかぎり内容を練っておくしかない。しかし予算的に成り立っていない段階で、事業にかかわってもらう作家や講師への正式依頼までは難しく、実際に動き出すのは予算が確定してからという部分も多い。

「きょうの はやまに みみをすます」の準備にあたっては、以前から小学校とのプロジェクトでもかかわっていた三ツ木紀英さんに企画委員に入ってもらい、具体的に一緒に仕事をしていくお願いをしていた。時間がない中、実際にうまく連携して仕事がすすめられる、熱意ある外部の人材に協力してもらえるかどうか、美術館側のスタッフが少ない現場では重要な点だ。予算があっても適切な人材がいなければ、当然事業は成り立たない。

(4) 展示プランの作成と各組織との調整

展示プランが企画のコンセプトを支えるすべてのプラットフォームになる。展示のあり方は美術館のあり方が問われる大変デリケートな問題も含み、慎重に決めなければならない。松本秋則は展示空間全体を作品と見立てるインスタレーション（installation）という方法で表現している作家だ。今回でいえば美術館の空間や野外の葉山の風景をとり入れて作品は制作され、設置される。葉山の風景とともにある松本秋則の作品を楽しもうとすると、作品を美術館の敷地内だけでなく、隣の鬱蒼とした黒松林や日本庭園のあるしおさい公園の中にも設置する案が理想的であると作家も美術館側も考えていた。しかしそれが実現できるかは微妙な案配だった。現代美術を代表する作家の一人であるクリスト（Christo）は、ドイツの国会議事堂を白い布で梱包する作品を実現するのに何年もかかったというが、もちろん規模がまったく違うといっても、それに似た種類の困難

「松林の調べ」（松本, 2004）

「海の風鳴り」(中庭のタワー)(松本, 2005)　　「水面の響き」(松本, 2004)

がそこにはある。

　人は初めて食べたものの味について、よくわからない未経験の味と感じると、「それはおいしいですか。まずいですか」と問われれば「まずい」と答えるという。つまり、かなり積極的に納得できないかぎり、初めてのものは否定される運命にある。ましてや、葉山町も公園敷地の所有権を持つ国も、基本的に前例を大切にする行政機関である。まだ現実的には形になっていない、目にすることのできない展示企画内容の魅力と意義を伝え、納得してもらうのは非常に難しい。しかし、うまい解決方法などなく、それぞれの行政組織での、その場所に対する考え方やこれまでの慣例や手続きをよく理解し、具体的な作品の設置にかかわる不安をなるべく解消し、歩み寄りながらプログラムをおこなう意味を確認しあっていくという地道な方法しか、進んでいく方法はないように思う。関係各所のそれぞれの合意が得られ、展示プランが最終的に決まったときにはもう5月半ばになっていた。これでも準備期間が短いことを考慮して、行政機関としては早い対応をしていただいた上のことである。

　松本秋則の作品は葉山館のエントランスホールから始まって、中庭、ぐるりと美術館をとりまく海側の散策路、そしてしおさい公園に入り、右に広がる黒松林の中と、左に広がる日本庭園の池の周囲に設置されることになった。作品は竹や木材など自然素材と、小さなモーターや電池でつくられている。一番大きなものが美術館の中庭に設置された高さ5mほどのタワー型の作品で、先端につけられた布を張ったプロペラが風を受けると、透明で乾いた音が周囲にゆっくりと鳴り響く。そのほか、30ほどの作品が、庭の斜面、

松の木のはるか頭上に、海の見えるテラスの傍らに、鯉の泳ぐ池の岩の上に、それぞれ取り付けられた。風や太陽熱や電池で動くそれらの作品は、風景の中で姿をほとんど主張しない。何事も変わっていないかのようにその風景の中にある。私たちが耳を澄まして、目を凝らすと、ユーモラスに、まるで寝起きから目覚めたばかりの小動物のようなペースでカタンコトンと動き、時に風に乗ってシャリシャリと盛んに回りだす。その日の天気によって動きが変わり、メンテナンスを怠ると止まってしまう。周りの風景を音とともに見ているものに浸透させるような、そんな作品だ。松本秋則の作品を見て「現代美術って難しいですね」という人はおそらく一人もいないだろう。

(5) 鑑賞を助ける──ツールの制作──

展示をより楽しむために、どんなサポートがあるとよいのか。何度も議論を重ねた結果、美術館としおさい公園をめぐるための「絵地図」（2万部）、そして余白の多いスケッチブックのような「音のワークブック」（2000部）(注9)を制作することとなった。ワークブックは地元葉山町の小学4・5・6年生全員と中学校の美術部の生徒、そして小中学校の教員全員に配布し（約1500冊）、館内では希望者先着400名に無料配布することを想定した。

体験を助けるツールの制作にあたって、どのようなものをつくりたいのか、どうしたら企画の意図に本当にぴったりとなじむものができるのか、話し合いを何度も重ね、具体的で強いイメージを制作チームで共有することに努めた。今回の場合、葉山の風景が重要な要素だったため、美術館の周辺をうろうろと歩きながら考えたこともあった。また、例えば冊子の体裁であれば、紙の種類、文章のレイアウト、イラスト、色彩、手に持ったときの感触などイメージに近いものを探してきて、それを手にしながら話を重ねていく。印刷物の制作は最終的にデザイナーの力によって形になるが、デザイナーと相談していく段階で、なるべくぶれのないイメージを伝えるよう努力した。

作品が展示されているところで使う

音のワークブック

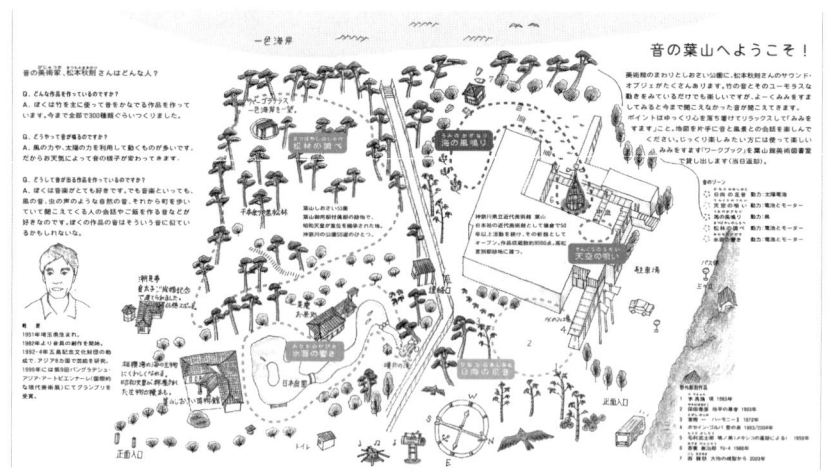

右側に美術館、左側にしおさい公園が描かれた絵地図

　体験ツールの制作は、いつも難しい問題を抱えている。それは作品という体験する（触発する）ものがすでにそこにあるのに、さらに体験を促すものをつくることは、下手をすると体験を壊しかねない。体験ツールは作品にチャンネルを合わせる回路をみつけるきっかけとなる、弱い磁石のような、あくまでサポート役であるべきものだ。これをつくるのは簡単なようでいて難しい。

　人はどうやって作品に気持ちを寄せていくのだろう。どのように作品を自分に引き寄せるのだろうか。今回の音のワークブックをつくるにあたって大切にしたのは、作品を体験するために作品の情報を知らせるのではなく、今それを受けとめようとしている人側の環境を整えることだ。受けとめる側が心理的にも身体的にもリラックスして集中できるようサポートし、レシーバー側の感度を高めることを手伝う。絵地図の余白に最低限の情報として簡単な作家略歴やQ&Aなどをつけたが、音のワークブックには作品に関する情報はいっさい書かれていない。対象である作品の情報を与え積極的に理解を求めるのではなく、見ている側の環境を整えることで作品を受けとめる回路を増やし、すでにそこにある情報をきちんと引き寄せる回路づくりをサポートすることを目指した。与えるよりも、整えることを大切にしたワークブック（ワークシート）ともいえる。

音のワークブック　最初のページ

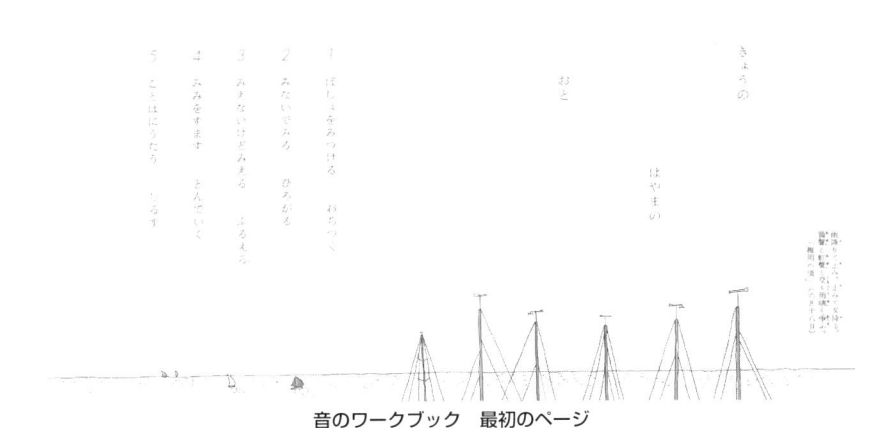

　真っ白い表紙に白いくぼみで「きょうの はやまに みみをすます」と書かれた音のワークブックは、開くと次の五つの目次が出てくる。
1. ばしょをみつける　おちつく
2. みないでみる　ひろがる
3. みえないけどみえる　ふるえる
4. みみをすます　とんでいく
5. ことばにうたう　しるす

　1の「ばしょ」が大切なのは、松本秋則の作品自体がその場所に根ざしたインスタレーションという形をとる作品であることとも関係するが、今ここにしかない作品をこの葉山の風景の中で、気に入った場所をみつけて鑑賞して欲しいということを伝えようとしている。人は身に危険があるような場所であったら、なにかに思いを巡らせるのは難しい。人が気持ちをひらいて集中していかれる環境（＝作品を媒介に思いを巡らす環境）を持つには、まずはその人が快適だと思う状態（場所）をみつけることが大切ではないだろうか。ワークブックは本文1ページ目を開くと、ある子どもが来館者と同じように葉山館に来て、白い冊子を持って音の旅に出るところから始まる。

　　しおかぜのにおい

ばしょをみつける　おちつく

あれあれ、
なんかきこえるぞ。
たけのうえに
うぐわれて。

じびゅつかんのまわりを
あるいてみる
あっ、あれは
なんだ？

タルケル
カッラン
コンクリート...

はやまかんのまわりは
なんだかとっても
きもちがいい

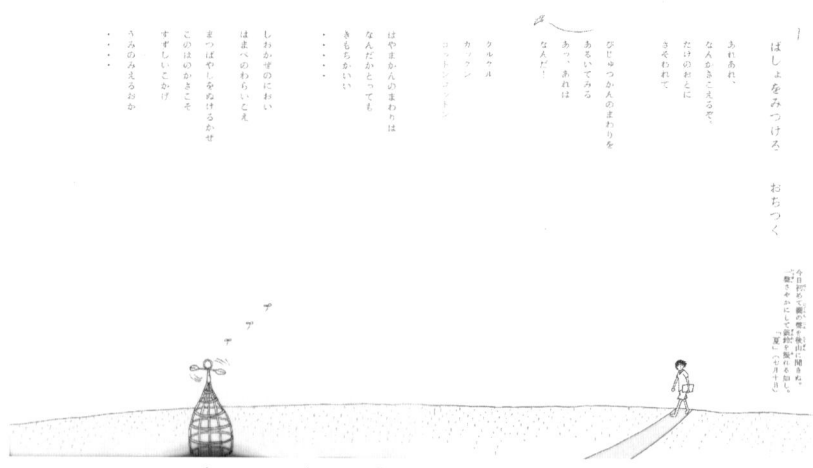

しおかぜのにおい
はまべのわらいごえ
このはやしをぬけるかぜ

すずしいこかげ
このはいかさこそ
......

うみのみえるおか
......

音のワークブック　　「ばしょをみつける　おちつく」

はまべのわらいごえ

まつばやしをぬけるかぜ
このはのかさこそ
すずしいこかげ

うみのみえるおか
....

　そのページは暗に「ここは安全な安心できる場所」ということを伝えている。次のページを開くと、これから見てまわる葉山館としおさい公園の白地図がかかれており、いま自分がどこにいるのか確認ができる。さらに次のページをめくると、こんどは「ゆっくりと深呼吸をして」と具体的に体に働きかけて体を整えてみようと促す。
　美術館というのは多くの人にとって非日常的な場所だ。美術館という空間になれていない子どもならば、そこは目新しく興奮する場所かもしれないし、一方で落ち着かない場所となる。子どもだけではなく、実は大人であっても非日常的な場所に行ったら、作品に思いを巡らすまでにしばし気持ちの

チューニングが必要かもしれない。ワークブックはページをめくるごとに気持ちが静かな状態になり、感覚がとぎすまされるよう意図されている。

　快適な場所の確保の次に大切にしたのは「時間の確保」だ。なにかに対峙し思考を巡らせるとき、私たちはタイムリミットのない、あるまとまりのある時間を必要とするように思う。それは物理的な時間のかたまりというだけでなく、心理的なタイムリミットのない時間、という意味である。受けとめたことを心の底にいったん沈めて、行きつ戻りつするうちに、なにか気持ちが浮かび上がってきて、それを意識する。作品と自分の間を行ったり来たりする対話の時間は細切れではなかなか難しい。子どもの頃「むかしむかし……」と誰かに絵本を読んでもらうとき、いつの間にか日常を離れて、その物語の中の時間を楽しんだ感覚を覚えているだろうか。もしくは夢中になって昆虫を追いかけた時間でもよい。現代社会特有の細切れの時間の流れを離れた、神話的時間とでもいうような、ひとつづきの時間を確保することが美術館や作品を楽しむ際に大切ではないだろうか。

　旅行に出たときにこそ美術館に足を運ぶ気持ちになるのは、それに似た時間の流れがすでに心理的にあるからではないだろうか。ワークブックでは、1ページずつめくり読んでいくことで、いつもとは違った時間の流れが心の中に生み出されやすくなることを意図した。安全で落ち着く場所と、あるまとまりのある時間の流れを確保して初めて、私たちは次の段階、つまりじっくり観察し知識や体験を引き出して作品と対話し、それを経験につなげることができるのではないだろうか。

　体験ツールの対象は、文化庁文化体験プログラムの趣旨でもある子どもたちを意識したが、同時に年齢を問わず幅広く興味を持ってもらえるものを目指した。大人が興味を持ってくれれば、それは子どもに伝わりやすい。また、絵本を読む体験が子どもだけでおこなわれるよりも、お父さんやお母さんが読み聞かせてあげることで、その体験の質や意味が変わるように、美術館の体験も子どもたちに寄り添ってくれる大人の存在があればと考えた[注10]。

　4の「みみをすます　とんでいく」のところでは、詩人・谷川俊太郎さんの「みみをすます」を再録している。福音館書店から1982年に出版された同名のタイトル『みみをすます』に掲載されている詩である。松本秋則の作品

が葉山の空間に展示された姿を想像したとき、企画の趣旨を的確に伝えているのは、まさにこの詩だと思った。最初は谷川俊太郎というおそらく日本で一番有名な詩人のもとへ連絡するのは勇気がいったが、まず出版社に連絡をし、次に谷川俊太郎氏に手紙を出し、このプログラムの趣旨と配布先を説明したところ、掲載の快諾をいただき再録がかなった。プログラムのタイトル「きょうの はやまに みみをすます」もこの詩の言葉から連想されてできたものだ。詩の再録により、音のワークブック全体が持つトーンも決まり、他の部分の構成も決まっていった。谷川さんの詩に合わせて、本文はすべてひらがなとし、ベースとなる本文を三ツ木さんが書いていった。

　谷川さんに掲載許可をいただいた上に、子どもたちに向けてなにかメッセージをいただけないかとお願いをした。スケジュール的にも無理なお願いにもかかわらず、半月後には「感性ってなんだ？」と題された書き下ろしの原稿が届けられた。天にも昇る気持ちとはこういうときに使うのだろう。この書き下ろしの文章は二つ折りの紙に独立した形で印刷し、音のワークブックに挟み込む形とした。白い紙を開くと鮮やかな緑の地に白の文字の印刷が目に入る。これを手にとった人が、ワークブックはともかく、その印刷物だけでも一生捨てないでとっておきたい、と思ってくれればと願った。

　音のワークブックは全体で28ページあり、スケッチブックのように余白の

音のワークブック　「みないでみる　ひろがる」

多い構成だ。イラストと余白の間に、ささやかな問いかけがある。

　そこからなにがみえる？
　なんのおとがきこえる？
　せんでかくとどうなるの？
　いちばんとおくのおとは
　なんのおと？

　言葉のそばには鉛筆のマークがあり、書き込みを促している。
　また、ページの端には、徳冨蘆花の「湘南雑筆」(『自然と人生』(岩波書店, 1933))から音の風景を描写した文を抜き記した。「湘南雑筆」は日記形式になっており、ワークブックの最初のページの端には、この企画の時期と合わせて梅雨の頃の日記から引用した。

　雨降りて止み、止みて又降る。
　鴉聲と蛙聲と交々雨睛を爭ふ。
　「梅雨の頃」（六月十八日）

　また、最後のページには夏の終わりを告げる部分を引用した。

　微雨はら〜降りて止みぬ。
　是れ今年の夏の季を送る聲なり。
　「夏去り秋來る」（八月廿八日）（徳冨, 1933, p.184, 190）

　ワークブックの言葉はすべてひらがなで書かれているが、冊子のページの端っこにところどころ出てくるこの引用は、あえて文語体に仮名がふられた原文を引用した。
　この引用は、一種の目と耳の言葉遊びのようなものである。なにかを鑑賞するとき、目で見る、耳で聴くという作業と、受けとめたことを言語に変換する作業で人は客観的に、自分の感じたことをより意識的に認識する。小学

今日初めて蜩の聲を後山に聞きぬ。一聲さやかにして銀鈴を振れる如し。
「夏」（七月十日）

「湘南雜筆」からの引用

生はこの漢字ばかりの引用の意味がわからないかもしれないが、見慣れない文語体や旧漢字の形を目にすることだけでも意味があると考えた。また中・高校生ぐらいになればこの引用が音を形容している言葉を含み、目にしているものを言葉で形容する行為から季節感が生まれていることを、理解できるのではないかと考えた。ひらがなの本文には季節を表す言葉があまり出てこないため、夏の季節の音が詰まった小文を引用することで、ワークブック全体に季節感を持たせることも意図した。

5の「ことばにうたう　しるす」の最後のページにはハガキがついており、詩やメッセージなどをハガキに書いて出せるようになっている。送り先は「きょうの　はやまに　みみをすます」お手紙係宛で、ハガキの横には「ハガキを送って下さった方には返信が届きます」と印刷されている。絵地図や音のワークブックを持って、不思議な音のする作品を眺めたり、海の見える庭や黒松林の中を散策した後、なにかを書き残してもらいたかった。そこへ来た人がどんなふうに時を過ごし、どんなことを思ったのか、その気持ちをさらに誰かに伝えたいと思うことは、場合によってあることだ。自筆で手紙を書く習慣がなくなってきた今の時代に、そんなハガキに言葉など面倒くさいような、気恥ずかしいようなところもあるかもしれないが、いつもとは違う時空間の中で過ごしたことで、旅先で誰かにハガキを書くように機能すればと考えた。またこの体験が一時で終わるのではなく、ハガキを出し、そして、現実の日常生活をしているときに、その非日常的な時間のあった所から返信が戻ってくるという、物語性のある体験となればと意図した。返信としてどんなものを送るか、皆で頭を悩ませた結果、作品を制作した残りの竹でつく

美術館に届いたハガキ

る「竹のマラカス」に決め、松本さんをはじめ何人かの協力者によって制作し、返信とした。

　　竹のマラカス送ります。
　　　きょうの　はやまの　おとより

と書かれたラベルが貼られたそれは、振れば中の小さな石がシャカシャカと音をたてる。75個の竹のマラカスはそのまま透明のビニールに入り、返信として郵便で届けられた(注11)。

返信の竹のマラカス

(6) 参加型プログラム

　この企画は来館者が楽しむ方法として3種類の入り口を用意した。一つは「絵地図」を美術館の入り口でもらい散策する、二つ目が「絵地図」に加えて「音のワークブック」と鉛筆を持ってより深く体験してみる、三つ目がプログラムに参加して誰かと一緒に体験する、である。

　2か月間の開催期間中に、7回の参加型プログラムを予定していた。最初の1回は参加者30名ぐらいを対象として、松本秋則さんと、アジアの民俗楽器や音の文化史にも詳しい関根秀樹さん(注12)に対談をお願いした。対談といっても、さまざまな国の楽器（素朴な音を出す道具）の実演や、音の奥深い世界についての文化史的な説明や、また参加して楽しむ時間もあるという対談で、大人たち向けにこの企画の意図を理解してもらう機会とした。続いて、子どもも大人も参加できるワークショップを6回おこなった。それぞ

松本さんによる作品の説明　　　　松本さんのワークショップの様子

れ15人から20人を対象として、地元と地域の学校に積極的に広報をした。そのうち連続2日間の特別ワークショップを松本さん自身が、また3回分をダンサーで野口体操の講師でもある新井英夫さん（注13）が、残りの2回はワークブックを使って三ツ木さんと稲庭が担当した（注14）。

　新井英夫さんの回では、私たちの身体感覚を意識したワークショップをお願いした。むやみに欲求をかき立てる広告や、テレビやゲームなど刺激過剰ぎみなメディアに囲まれた生活をしている私たちは、ともするとそれに対抗するためか、感覚を閉じてしまい鈍感になりがちだ。しかし一度、頭で考えるのではなく、いったん身体感覚まで戻って体を整えてみれば、非常に小さな刺激にも体全体で目を凝らし、耳を澄まして気づけることが体感できるはずだ。新井さんは、1回目は極薄い1枚の部屋中に広がるビニールを使って、2回目はよくこなれた和紙と張りのある和紙を使って、3回目は小さな鈴がぎっしり入った10cm四方の箱を手の上に乗せながら、ワークショップの導入部分をつくっていった。どれもが、普段は意識しない、小さなモノの動きや感触に気がつかせてくれるワークショップだった。

(7) 事業の趣旨を整理する

　事業の趣旨を誰かに伝える必要があるとき、説明をする相手によって趣旨をそのつど整理しながら伝えていくことは、事業を運営していく上で大切な作業である。例えば今回の事業だとかかわっていく複数の人、組織がある。具体的な参加を呼びかける学校の先生、地元の子ども会やPTA、報道機関やマスメディア、許可を得る複数の行政機関、講師を依頼する相手、運営側内部でのコンセンサスを得る同僚・上司、ともに動くスタッフなど。同じ事業のコンセプトを伝えるにも、少しずつ違ってくる。それぞれが性格の違う組織であり重要だと感じる点、納得できるポイントが違うのだから当然のことかもしれない。

　また、それぞれの組織はそれぞれ自分の視点で「なにを目的として」「誰のために」「具体的な内容」を求めるので、企画の趣旨は、ルービックキューブのように一つの事業をいろいろな面から眺めて、いろいろな「見え方」を想像しなくてはならない。自分にとって最も重要で理解して欲しいポイントを見がちになり、相手の視点を充分想像せずに、こちらの一方的な趣旨を

伝えてしまえば、架かる橋も架からなくなる。橋を架け損ねそうになりながら、悪戦苦闘した。企画が立ち上がって運営していく途中段階でも、常に趣旨を整理し伝える努力をしていくことは、その事業自体の運営にとっても、企画側のスタッフのコンセンサスのためにも、不可欠なことだ。特に前例のないことをおこなう場合はこのコミュニケーションを持つ努力はなによりも不可欠となる。

では、昨今の美術館の教育活動を語る際に使われる言葉で、この事業の一面を書き出してみよう。

地元との連携（地域へのひろがり）、地域の再発見、学校との連携、アウトリーチ活動（普段はあまり館を利用しない人を対象とした活動）、その場所でおこなう必然性（企画内容と場所のつながり）、環境教育、鑑賞教育、（国語、音楽、図工・美術、保健・体育、総合的学習など）学校教科と学習指導要領とのつながり、多方向的なコミュニケーション、対等なかかわり合い（教える側と教えられる側が固定的でない）、体験参加型、サウンド・エデュケーション、ワークショップ、ワークシート（今回の場合シートというより冊子）、生涯学習、体験の共有の場、主体的な探求、異世代交流など。

キーワードのように書き出すと、そこに美術館らしい作品の存在が感じられず味気ないものになるが、広報や依頼文、事務文書では、簡潔で的確でわかりやすい、短い説明を求められる場合がほとんどだ。伝えたいことは一つか二つにして、ポイントを絞ってコミュニケーションをとることが必要だろう。

(8) 美を見いだす回路

美術、現代美術はとかく「わからない」といわれる。美術館はいつになっても「敷居が高い」といわれる。それは事実、ある面実際そうであるから致し方ない。しかしそれはネガティブな意味だけではない。「わからない」と「敷居が高い」の中身をよく考えてみる必要がある。人間は社会的動物であり、まわりにいる相手を「わからない」とかかわるのをやめ、交流をもたなければ個々は自閉して社会は壊れていってしまう。生きていれば「わからない」ことに人はいつも対峙することになり、それにかかわっていくことが、喜びを見いだすきっかけにもなる。美術館はわからないこと、想像しなかっ

たことに積極的に出会える場所なのである。自分とは違う「他者」で世の中は構成され、その中で自分が生きていることを知り、ゆさぶられ、そういう人間という生き物について思いを巡らす場所が美術館だ。

　また、久しぶりの大切な友達に再会するとき、大切な思い出がたくさんある場所を立ち去るとき、丹誠込めてつくられたなにかを手にするとき、人は少し背筋が伸びる気持ちになる。そこに投入された時間とエネルギーを尊重し大切にしたいと思う気持ちが、そうさせるのではないか。それは美術館に入るときの背筋が伸びるような気持ちと似ている。美術館にも、人がかかわった尊重すべき研ぎ澄まされた時間とエネルギーの固まりがあるからだ。それは「敷居が高い」と感じさせる一つの要因ではないだろうか。時には少し背筋が伸びる思いをする機会があることは、人の精神にとって悪くはない。

　とかく「わからない」「敷居が高い」といわれる美術館だが、夏の葉山の風景の中にたたずめば、美しい緑や青い海、潮騒の音、蟬時雨、そうしたものに私たちはおのずと心を寄せる。現代美術でも、その中にとけ込むように作品があれば、同じ気持ちで鑑賞できるのではないか。そもそも私たちが空を染める真っ赤な夕日に美を見いだす回路と、作品に出会って内心を奪われる回路は同じなのだ。「美術作品」とか「現代美術」という言葉のイメージばかりが固定化して美術館で作品を見たとたん、身近な美を見る回路を別の思考回路に切り替えるのをやめて、まずは体をリラックスして、目を凝らし、耳を澄まし、自分の経験の中にある美しさを発見する回路を総動員させて、自分を取り巻くものとその先にある自分に出会ってほしい、そういう思いでこの企画に携わった。

(9)　次の活動につなげるために

　展示プログラムは8月29日に無事終了し、作品の撤去作業は次の日から2日間で終わった。しかし、事業の結果検証ということを考えると、もちろんここでは終われない。実行委員会として文化庁への報告書提出はこれからで、会計報告を含めて処理すべき書類は相当の数にのぼる。そうした事務処理としての報告書づくりとは別に、美術展のようにカタログの形では記録が残らない美術館の活動をどのように記録し検証し、次の活動につなげていくのかを考え記録を残すことも、これからの時代の美術館活動にとって重要な

懸案事項だろう。記録の写真や動画は、その後どんな検証をする場合にも意外と重要となるため充分な量をとっておく必要があり、そこまで含めて予算を配分することも大切だ。年度ごとにまとまった形で記録を残し、3年から5年くらいのスパンで、連続した活動を振り返ることができれば、理想的といえるだろうか。今回は葉山館にとっては開館して初めての事業のため、検証はこれからだ。終了直後ではっきりと示せるのはやはり数字ぐらいである。絵地図を持って展示プログラムを回った人数は、入館者数と絵地図がはけた枚数から少なく見積もって3000人程で、ワークショップの参加者は全部で約120名だった。事業の効果を担当者の実感として述べれば、この年の葉山町との連携活動によって、次年度の2005年度は町や学校との連携がスムーズになったということだ。ひとつひとつ連絡や相談をすることで顔の見える人のネットワークが少しずつ生まれ、お互いの意を汲んだかかわり合いができてきたように思う。建設的な連携の形は、結局はコミュニケーションを重ねた回数と基本的には比例するのではないだろうか。

3. 実践例2「アンテスとカチーナ人形」展

　神奈川県立近代美術館　葉山では、だいたい年に5本の展覧会がおこなわれている(注15)。美術館は基本的に展覧会を中心に動いており、作品収集・調査・研究・企画・運営の上に成り立つこうした展覧会は、美術館の持つ人的資源から生まれるリソース（資源、財産、供給源）と考えることができる。美術館の持つ収蔵品が公的なリソースであるように、次々とおこなう展覧会そのものも同じく美術館の持つリソースである。美術館の教育普及活動は、美術館の持つ情報、収蔵品、展覧会、美術館の空間自体など、それぞれを価値のあるリソースと考え、その価値を利用者にうまく循環させ活用できるようにサポートしデザインしていく仕事だ。

　前出の「きょうの　はやまに　みみをすます」の場合、展示プログラム自体に教育普及的視点を打ち出して組み立てたものだが、神奈川県立近代美術館における教育普及活動の大部分は、通常の美術展覧会をリソースとして、展覧会の担当者と連携して取り組むものが中心であり、また展覧会担当者自身が教育普及的活動を担当することもある。こうした活動のあり方は館の性格

による部分が大きく、常設展示を中心的なリソースとして教育普及活動をおこなう館もあるだろう。欧米の収蔵品が多く常設展示が充実した美術館はそのタイプが多い。収蔵品をリソースとすれば長期にわたってなんども利用できる教育プログラムを、じっくりと開発、改良することができるからだ。神奈川県立近代美術館の場合は、野外彫刻以外の常設展示はなく、常に2か月間ほどの企画展が美術館活動の中心であるため、教育普及活動もめまぐるしく変わる企画展覧会に連携する形でおこなわれることが多い。

　そうした企画展の一つで、2005年の夏におこなわれた「アンテスとカチーナ人形」展の教育普及活動について紹介してみよう。全体の組み立てとしては、展覧会に付随してカタログ、セルフガイド・リーフレットが印刷物としてあり、関連プログラムとして、作家との対談、ワークショップ、講演会、ライブがおこなわれた。

(1)　セルフガイド・リーフレット

　セルフガイド・リーフレット（self-guided leaflet）とは、翻訳すれば自分自身で案内をするための簡便な印刷物であり、日本語をつけるとすれば「展覧会のしおり」になるだろうか。展覧会を楽しめるきっかけを提供し、より興味を持って深く作品を見るための情報が盛り込まれている。企画展では多くの場合、作品の詳細な基本情報、学術的資料や小論が載っているカタログ（図録）が出版される。しかし2000円前後するのが通常で、カラー印刷が豊富に含まれた単行本として見ると割安感があるものの、来館者の1割ほどしか購入しないのが普通である。カタログは会場に置いてある参照用を見ることもできるが、大抵は持ち帰ってゆっくりと作品をもう一度楽しむために、もしくは資料用として購入するもので、会場で気軽に見るものとしては意図されていない。

　展覧会に深く興味を持った人がカタログを購入していることを想像すると、展示を自分自身で楽しむ能力があり、より知りたいと思う人にはカタログという形で情報がさらに用意されているにもかかわらず、一方で、初めて見る作品群でなかなか展示になじめない、取っかかりをみつけられない、またはカタログを買うほどではないが、もう少し自分の興味とリンクさせる手軽な情報が欲しいと思っている大多数の来館者には対応していないのが美術

展覧会というものだ。しかし最近ではこうした来館者に向けて、補助的な鑑賞の回路をつくる、セルフガイド・リーフレットやオーディオ・ガイドなどが制作されるようになってきた。

「アンテスとカチーナ人形」展の場合7・8月が会期だったため、夏休みに来館する学生を念頭に、若年層を視野に入れたセルフガイド・リーフレットをつくることとなった。対象は10歳以上から大人とし、来館者には無料配布、近隣の学校には広報をかねて5月から連絡をとり、夏休み前にポスターとともに配布してもらう算段をした。近隣の学校には、各学校で対象とする学年を決めてもらい、逗子市は小学4年生と中学校は美術部に、葉山町は小学5・6年生と中学校美術部に全員配布し、そのほかは配布を希望する先生から、学校教育課へ連絡してもらうこととした。小学校では高学年に配ると、その下の学年にいる弟や妹も興味を持つ、との学校側のアドバイスも参考にした（注16）。

Horst Antes and Kachinas
アンテスとカチーナ人形

セルフガイド（p.1-2）

印刷物の制作で検討する内容は大きく二つある。どんな形の印刷物にして、どんな内容を盛り込むか、である。まずたいていの場合予算枠が先にあり、その枠内で印刷物の大きさ、紙質、色数、挿入する画像の枚数、印刷の部数、デザインをどうするか、などつめていく。もちろんそこに盛り込みたい内容を考えつつ、それが引き立つような体裁をいくつかアイディアとして出してみることになる。セルフガイドはカタログと違い非常に限られた紙面しかなく、そこにどんなメッセージや情報を盛り込むのか、その取捨選択はなかなか難しい。

この具体的な印刷物の形態と内容を考える前に、当然ながら重要なのは、この展覧会について知ることである。展覧会に出品される作品の魅力や展覧

会が全体として発しているものを、さらに伝えたいというつくる側の動機が強くなければ、どのようなセルフガイドをつくっていくのかアイディアは出てこない。しかし、作品を外部から借りておこなう企画展の場合、展覧会の担当者とともに事前の調査にかかわっていない限り、作品を事前に見て、展覧会全体の様子をつかむ機会は意外とないのが実際ではないだろうか。つまり、収蔵品でないものについて印刷物をつくる場合、なるべく早い時期から展覧会担当者と情報を共有して、作品と実際の展示計画を知る機会を持ち、どのようなセルフガイド・リーフレットが適切であるかを展覧会担当者と相談しつつ考えていくことが大切となる。「アンテスとカチーナ人形」展の場合、国内五つの美術館を1年ほどかけて巡回し、葉山館はその最後の会場であったため、別の館での展覧会を事前に見てから制作にとりかかれたことは幸いだった。

セルフガイド・リーフレットの役割をどう性格づけるか、展覧会によって、担当者によって考え方はさまざまだが、基本的には、来館者が作品と出会って呼吸を合わせる、理解を深めるきっかけをつくる、かつ手渡されてちょっと喜ばしいもの、という感触が実は大切ではないかと思う。120%エネルギーが注ぎこまれている作品への橋渡しとなる、美術館側からのもてなしのような、愛情のようなものを伝える素材でもあるのだ。展覧会のカタログは学術的な情報を、第三者的な位置から客観的に伝える印刷物である。物理的にも重さ、厚みなど重厚だ。それに対して、来館者に手渡されるセルフガイドは、コンパクトで、展覧会

セルフガイド (p.3-4)

を見るささやかなサポートになり、展覧会で感じたことをみやげ話にするきっかけをつくる、個人へのメッセージを含んだ印刷物、という位置づけもありうるだろう。それは展覧会のカタログともチラシとも明らかに違う意味を持つ。

　殊に、「アンテスとカチーナ人形」展の場合、ホルスト・アンテス（Horst Antes）というドイツの現代作家（注17）の作品と、アンテスが収集した北米先住民のホピ族が信仰するカチーナ（Kachina）という精霊の人形の展示（注18）で、そのユニーク造形の人形は、大人たちがこの世界の成り立ちについて子どもに教えるためにメッセンジャーとしてつくられる。展示物の魅力の全体性をなるべく失わずにセルフガイドに反映させようとすると、作品や人形の造形的・美術史的な説明よりも、カチーナ人形やアンテスの作品の背後にある、大きなイメージやメッセージを喚起させる、個人に宛てて書かれているような構成がよいと思われた。メッセンジャーであるカチーナ人形の役割とセルフガイドの役割はどこか重なっていたほうがしっくりくると思われたのだ。

　今回の展示はアンテスの作品とカチーナ人形という二つの作品群の展覧会であるが、アンテスの作品は、ホピ族の世界観やカチーナ人形の存在に触発、共鳴して生まれた作品も多いため、セルフガイドではカチーナ人形に比重をおいたほうが、展覧会全体が理解されやすいのではないかと思われた。カチーナ人形の造形は美術愛好者だけでなく若年層から幅広く興味を持ってもらえそうなこともあり、思い切ってA5サイズの表裏合わせて8ページあるうちの7ページ分を使うこととした。このうち3ページ分は、この分野に造詣が深い作家の北山耕平さん（注19）に原稿をお願いしたところ、「生命の素晴らしさを伝えているカチーナ」と題した静かで熱のある原稿が届き、載せることができた。またこの原稿の背景に配せるアリゾナの風景写真を探している、と北山さんに相談したところ、ホピ族の住む北米アリゾナの地を撮っている写真家の佐藤正治さんを紹介していただき、貴重な写真画像を借りることができた。ほかの2ページには、ホピの村に季節ごとにつぎつぎ登場するカチーナを、月ごとに並べ、ホピの人々が年間を通していかにカチーナという精霊と結びついているかを端的に示すこととした。最後のページは「アン

セルフガイド（p.8）

「テスさんがカチーナと出会って……」と題した短い文章と、アンテスの作品画像とポートレイトを添えた。

材料がそろったところで、実際のリーフレットの大きさの紙を用意し、カチーナの画像を切り抜き、動かして、どのように配置、デザインにするのか、アナログな作業を机の上でいろいろとやってみた。用紙はポスターと同じ厚めのものにしたいと考えていたので、過去の使わないポスターの紙を切り、試行錯誤をしてみる。デザイン制作会社の担当者に相談しつつ、全体の最終的なイメージと構成を考えていく。表紙にあたる部分は、縦にページを開くと2ページにわたって30cm程のほぼ等身大のカチーナ人形が出てくるミニポスターのようなデザインにし、メッセンジャーとしてのカチーナ人形の造形の役割を、平面上でもそのまま発揮してもらうこととなった。

出来上がった1万5000部のリーフレットは、来館者や地元の子どもたちの手に渡った。事前に受け取った子どもたちは目を通したそれをもって来館し、展示を見る合間にソファーに座って読む人が多く見られた。展示室で様子を見ていると、作品を見るときに、手元のセルフガイドを同時に意識することはなかなか難しいようだ。キャプションを参照しながら鑑賞し、加えてセルフガイドを見るには情報量が多すぎるかもしれない。しかし今回のセルフガイドの内容を考えると、作品と同時に見なくとも、展覧会の合間の休憩場所でいすに座って、もしくは帰りの電車の中、あるいは帰宅後にじっくり読んでくれたとしても、セルフガイドの役割は果たせたように思う。どれほど多くの人に、どのような効果があったかは実際のところ調査などをおこなわなかったのでつかめない。しかし入館者数が約1万1600人に対して、リーフレットのはけていく方が早く、友人にもあげたいと複数部求める人もいたとのことを考えると、基本的な「手渡されてちょっと喜ばしい」という受取手側の感触の部分はどうにかニーズに応えられたのかもしれない。展覧会とセルフガイドに対する感想の手紙が、30通ほど美術館に届いた。どれもが来

館者がどんな時間を美術館で過ごし、どのように作品と出会ったのかをうかがい知ることのできる、来館者側から美術館側に開けられた窓のようなものだった。

(2) ワークショップ、講演会、ライブ

　美術館を訪れる人は、展示される作品によって、ずいぶんと変わる。ある一定の固定客ももちろんいるのだろうが、他の館で企画しないような個性的な展覧会の場合、来館者層の変化は非常に興味深い。「アンテスとカチーナ人形」展の場合も、そういう展覧会だった。

　カチーナは日本でいえば、八百万の神々のような存在だ。日本の「なまはげ」のように大人がカチーナ（精霊）に扮して儀式をおこなう。この儀式を見ることができない子どもたちのために、カ

カチーナ人形を鑑賞する子ども

チーナのメッセージを伝えるべく、大人たちは子どもにカチーナ人形を与え、このすべての命がつながっている世界と宇宙について語るのだ。エコロジカルで平和主義、超自然的な信念体系に基づいた生活を今も営んでいるホピ族のあり方に共感し、興味を持つ人々は、日本にもそれなりの数がいるようだ。ちょうど宮崎駿の「千と千尋の神隠し」の世界観に通ずるような、どこか懐かしく愛おしい強さを持つカチーナ人形の造形と、それを収集したアンテスの作品の魅力があいまって、マスには訴えないが、何度も通う来館者が出るなど、不思議な力を持った展示だった。

　この展覧会のそうした魅力は、ともなっておこなわれたワークショップ、講演会、ライブの運営のされ方でも明らかになった。展覧会の魅力に引き寄せられた人々と美術館の共同作業によって成り立ったのである。

　事の始まりは、セルフガイドの原稿を依頼した北山耕平さんだった。葉山館での展覧会は7月から8月までの2か月だ。その夏至が過ぎた頃はちょうどカチーナがこの世から山に帰る季節だという。ホピの土地では「帰還の儀式」がおこなわれ、ヘミス・カチーナのダンスで儀式が頂点に達した後、カチーナたちはサンフランシスコ・ピークと呼ばれるホピの土地から遠く見え

る山へ帰っていく。年明けから夏至まで約半年間、命の実りを見守って、雨期に入り大雨が降って実りを期待できるところで山へ帰っていくのだ。日本での展覧会は1年に及んだが、最後は葉山館で終わり、それはちょうど夏の帰還の季節にあたる。この巡回展でさまざまなことを伝えてくれたカチーナたちをねぎらい送る、日本でいえばお盆の御霊送りのようなことができれば素敵ではないか、北山さんはそういうことを話された。「カチーナ人形がこんなに日本でまとまって展示されることは空前絶後のこと。ホピの人たちでさえ、こんなにたくさんの古いカチーナ人形を見たことがないのだから、それに出会っている意味をもっとたくさんの人と考えられたらいいよね……」。そういう北山さんの思いを受けて、彼と思いを同じくする友人のきさらさんという方が、美術館を訪ねてきた。

　時はすでに展覧会開催の1か月前。館の教育普及活動予算は、前年度に各予定の事業に割り振られているため、ほとんど動かすことができない。その中で、もしカチーナを送る会のようなものを開くとすればどんな可能性があるのか。急遽「カチーナを送る会」開催の可能性を館側でも検討してみることとなった。具体的な案を持って来館した、きさらさんの話を聞いて徐々にわかってきたのは、どうやらこの葉山という土地は、そうした会を開くにはぴったりの土地らしい。というのも、葉山は山と海に囲まれ自然豊かな場所ながら東京へも近く都市的な環境意識も高い土地柄で、生態系のバランスを大切にする先住民の教えに共鳴する人々が好むような土地なのだという。そのきさらさんも葉山に住み、北山さんもかつて湘南で育ち、湘南の独自の自然の美しさを残そうと、その名も『湘南』という本を80年代に出版していた。

カチーナ人形をつくるワークショップ

セルフガイドの制作でアリゾナの写真を提供してくれた写真家の佐藤さんも葉山在住であった。そうしたゆるやかな地元のカラーとあいまって「カチーナを送る会」はコーディネーター役のきさらさんを中心に有志が集まり、非営利グループと館との共同作業で進んでいくこととなった。

プログラムの内容は、カチーナ人形を制作するワークショップ[注20]、講演会、インディアンフルートのライブ[注21]、という三つの案が出て、その中でもワークショップの部分は館で独立した事業として別に進めることとし、講演会とライブをカチーナの会とともに準備していくこととなった。日本の御霊送りのように送り火をするのであれば、夕暮れ時がいい。ちょうど夏の延長開館時期が1週間あるため、その1日をあてて、ワークショップを日中（講堂）、夕方から講演会（講堂）、続いてライブ（展覧会会場内）、そして最後はキャンドルの火をともした中庭でのアンコールと、朝9時から夜9時までの長丁場の1日を計画することとなった。

一見それほど準備もいらず簡単に実施できるかのようだが、実際には三つのイベントをおこなうには、ワークショップの内容の検討から広報、申し込みの受付、講師との打ち合わせ、材料検討と買い出し、講演会とライブのチラシやチケットの制作、ライブの構成検討、チケットの販売の運営体制、通常とは違う開館体制の管理と対応、ライブ中の展示室の監視スタッフの確保、ライブ会場の設営と来館者の流れの管理、駐車場の延長運営やレストランによる軽食販売の連携、当日の講師や演奏者への対応などなど、検討しなくてはならない点や派生する雑務が山のようにある。神奈川県立近代美術館はPFIという運営方式をとり入れており[注22]、駐車場やレストラン・ショッ

展示室でのライブと中庭でのアンコール

プ、警備、受付の運営は民間スタッフがおこなっている。それに県側の管理課と学芸員と外部の「カチーナを送る会」が連携していく必要があり、関係者が増えるにつれて確認作業も増えていく。

　しかし連携した準備のかいもあって、ワークショップ（定員26名）は募集人数の3倍の申し込みがあり、講演会（定員80名）とライブ（定員130名）も満員御礼で当日を迎えた。有志としてこの日のために集まった「カチーナの会」の人々は20名近い。朝からのワークショップを進めつつ、昼過ぎには館の学芸スタッフと「カチーナの会」が最終の打ち合わせをし、チケットの受け渡し、展示作品の保全を考えての人の誘導、会場の設営、写真、ビデオなどによる記録など仕事分担を確認した。

　神奈川県立近代美術館はボランティア制度を恒常的にはとり入れていないが、こうした臨機応変な形で館と外部有志の協働によって生まれる活動は、館側だけではできない展開とエネルギーを美術館に吹き込み、一つの場をつくり意味をなす。今回は特に館の職員よりも地元ネットワークに詳しい有志が細やかな広報活動をおこなったため、当日の会場には地元ゆえ逆になかなか美術館に足を運ばなかった葉山人も、この企画の内容に惹かれて多数参加していたという。地元葉山の人が美術館に愛着を持ち、その人たちの口コミで、わが町にある美術館を友人や知り合いに紹介してくれる可能性を考えても、地元の人に一度は美術館を訪れてほしいというのは、美術館の切なる希望でもある。地元からの安定した愛着と支援は、長期的かつ視野の広い美術館活動の大きな礎となる[注23]。

4．公共財としての美術館はなにを提供するのか

　「美術館を利用したい」。人々がそう思いはじめるきっかけをデザインし、環境を整え、コンテンツを開発していくのが教育普及活動のシンプルな出発点ではないだろうか。政治的な性格も持つ美術館の制度を考えれば、美術館の存在意義はそうした個人から発せられるものだけでは語れないが、美術館という制度を享受する側と供給する側の循環作用を現場サイドから日々支援していくことが基本ではないかと考えている。

　日本には美術館が好きな人々は多くいる。しかし日本の人口全体から見れ

ば、やはり美術館愛好者は少数派である。そうしたすでに美術館体験をし、自分で美術館を活用していくことを知っている利用者に対して、今後もさらなる美術館活動を展開していく必要もあるが、同時に日々変化していく社会の中で育っていく次の世代に目を向け、長期的なビジョンを持って、大多数の美術館を利用していない人々に対して働きかけをしていかなければならない。それは、税金で運営される公立美術館の使命であり、コレクションを含む美術館というシステム自体が公共財であることを考えれば、誰もが納得するだろう。美術館を誰が利用するのか、ではなく、美術館を利用したくとも利用の機会をみつけられない人がどのように存在するのか、今後はより調査を進め、そうした人たちが美術館の持つリソースを活用していく方法を提供できるよう美術館は行動をしていかなければならないだろう。

　この章では二つの教育普及活動の事例について、どのように教育普及活動の企画が始まり、どのようにつくられたのか概要を述べた。紙面の都合上、充分にその意図を説明できていない点があるが、教育普及活動とは美術館という公共財をいかに活用するかを考え具体的に支援する活動ではないか、と改めて問う意図を持って述べてみた。

　かつて美術館の教育普及活動は、美術作品の美術史的理解を促進する解説活動を中心に語られた。確定した情報を与える活動である。しかし、現代は豊富な美術情報がさまざまな方法で手に入る。人々は日常的に情報の渦にさらされ、その情報量に食傷気味ではないだろうか。例えば常に目の前に豪勢な食べ物が次々と出されれば、自分がなにを食べたいのか、なにが好きなのか欲する気力もなくなり、ただそれを受け入れるだけになる。そうした時代にあって、美術館は固定的に情報を提供するのではなく、相手に対して、社会に対して、臨機応変に情報をデザインし手渡していく必要が出てくる。いまや、情報を増やすのではなく、情報をせき止め、なにを省き、その人にとって大切なことをどうやって際立たせ、食傷気味の感覚を回復させるのか、それに苦心する時代になったのかもしれない。最終的にはその人がかかわりたいこと、かかわりたくないことを主体的に判断し、多くの情報の中から必要なものだけ選び探求していかれるよう支援していくべきなのだろう。「もう多くいらない」、大多数の人はそう思っているのではないだろうか。

鎌倉に神奈川県立近代美術館が開館した年の『藝術新潮』に、館の設計者である坂倉準三が「鎌倉の現代美術館」という文章を寄せ、オランダのある美術館館長の文章を紹介している。

> 彼は自分の美術館の入口に次のような文字を刻んでおいて見たいと云って居る。「この美術館に入るものは美術について知って居たすべてのことを忘れ、美術館より出るものは美術について考え始める。あなた方御自身の眼でよく観察する様に努めなさい。」(坂倉, 1951, p.90)

つまり、まず美術について知っていたすべてのことを忘れること、から考えることになる。坂倉は「身体のコンディション、精神のコンディションが非常にいい条件のもとで見ることは大切なこと」とも述べている。すでに美術館の開館時にこうしたことが確認されていた。さまざまな情報からいったん自分を解放し、主体的に目を凝らし、耳を澄まし、思いを巡らす場を提供すること、もともと美術館はそのことを考えて設計されていたのだ。現代の生活と多様なニーズに合わせて、もう一度その意味と、その環境を提供する方法を考えてみることが美術館の教育普及活動の根っことして必要なのではないだろうか。

◆注釈
1. 神奈川県立近代美術館（以下、当館）は2003年10月の葉山館の開館にともない、葉山館を中心とした三館体制となった。一つの組織で三つの館の活動・展覧会企画などをおこなっている。正式名称は神奈川県立近代美術館 葉山、神奈川県立近代美術館 鎌倉、神奈川県立近代美術館 鎌倉別館。葉山館の開館の際には、これまでの半世紀の活動を踏まえ、現在と未来を見据えた美術館の運営理念について改めて表明している。詳細は美術館パンフレットやウェブサイトを参照のこと。
2. 鎌倉での美術館活動としてこれまであまりとり上げられていないが、70年代ごろまではさまざまな実験的な（いまでいうところの）教育普及的活動がおこなわれていた。つまり、現在は過去のそうした学芸活動も振り返りながら、改めて教育普及活動を推進していく途上にある。2003年に開館した葉山館は、講演会や映画上映のできる講堂や一般向けの美術図書室も併設しており、教育普及活動をより展開しやすい施設となっている。
3. ニューヨーク近代美術館は1929年に開館して以来、同時代の美術に大きな影響を与えてきた。名品を骨董的に並べる美術館ではなく、現在に生きる人たちとの関係を意識した収集・研究・展示活動をおこない、教育普及活動を美術館の重要な活動の一つと明確に位置づけた。当館も1951年の開館時にはニューヨーク近代美術館を理想・模範とした様子がかつての文章からうか

がわれる。

4. 当館に 1960年代前半に勤務していた陰里鐵郎氏は、『全国美術館会議 第15回 学芸員研修会報告書「美術館・教育普及の可能性」』のレクチャーの中で次のように述べている。
「当時改めて教育普及などということは全くかんがえなかったわけです。(中略) ただその活動をしていて、当時の意識としては「社会教育」をしているという意識は強烈に持っていた。(中略) われわれは社会教育をやっているというような意識は、館長、副館長、そして課員は3人でしたがこの意識は非常にありました。今の言葉で言うとキュレーションがすぐれているとか、すぐれていないという、そういうことだけでなく、我々がこういうことをやることにより「社会教育」をやっているのだという意識は非常に強くあったような気がします。(中略) ですから美術館活動というもの、その中の教育普及活動が、これが普及活動だとかなんとかいうものもあるかもしれないが、そういうことを言わなくても十分行われていることがたくさんあるのではないか。つまりある面では全部が教育活動であるということ。」

5. この章では二つの活動しかとり上げないが、美術館で一般的におこなわれる教育活動を当館でもさまざまにおこなっている。詳しくは当館発行の年報を参照のこと。

6. 松本秋則(まつもと・あきのり)は1951年生まれの美術家。82年より音具の創作を開始。美術館やギャラリーなどで数多くの個展やグループ展を開催。1992-94年に五島記念文化財団の助成で、アジア8か国で芸能を研究。99年に第9回バングラデシュ・アジア・アートビエンナーレ(国際的な現代美術展)にてグランプリを受賞。

7. 教育普及活動に対する外部の助成・協賛団体や企業は、ここ近年で増えてきた。具体的な教育活動を通して、直接的に団体や企業の名前を対象者に知らせることができるうえ、展覧会に比べて小規模の助成額でも実際の活動につながるからだろう。また、美術館での新たな教育活動の必要性と可能性が社会的により認知されつつあることも追い風となっている。恒常的な館の教育活動予算を確保し長期的な視野に立った活動をおこなうことが必須ではあるが、こうした外部からの支援も積極的にとらえる時代になってきている。

8. 三ツ木紀英(みつき・のりえ)は展覧会やワークショップの企画運営に携わるフリーのアートプロデューサー。特に児童館・高齢者施設や街など、人の生活に近いところでアートプロジェクトを展開。近年はパブリックアートの企画にもかかわり、ソフトとハードの両面から社会とアートの出会いの場を創造している。「a piece of space APS」オーガナイザー、NPO法人芸術資源開発機構のアートデリバリー事業、プロジェクトコーディネーター等で活躍。

9. B5変形サイズ。真っ白い表紙にエンボスでタイトルが書かれた清廉なデザイン。スケッチブックのように手に持って書きこめるよう表紙が厚紙でできている。

10. 音のワークブックは、予想以上に大人から好評を得た。冊子は、会期が始まる前に地元小・中学校に配布したほかは、館内で中学生までの希望者に先着順で配布していたが、大人の来館者から使ってみたいとの度重なる希望があったため、会期中盤から大人でも希望者には配布することとした。この音のワークブックに興味を抱いてくれる大人が、実際に使ってみた体験をどこかで語ってくれることが、また子どもたちの育つ社会へとつながると考えられる。

11. 美術館宛に届いた葉書の一部を紹介する。谷川俊太郎の詩に触発されて、詩を書いた人も多く、また、作品や風景を媒介にして、見ている自分を受けとめている内容が多かった。
「自然 自然とは色んな顔をみせる物 やさしくてきれいな顔出せば きびしく不しぎな顔見せる すばらしき音 波と風 それはどちらもあてはまる」(10歳女性) /「今日、1日音などのコトをいっぱいまなんだ。たのしかった ふだんはお母さんとお父さんが仕事で家にいないから、1人でへやにいることが多い。あんまり音とかに気をつかわなかったから、今日はいいけいけんになった。」(13歳女性) /「森の中 葉のこすれ合う 音を聞き 耳をすます この自分」(11歳男性) /「今日、この時まで「音」と言うものに深く感心をいだいていなかった。けど、今日半日、いろんな説明を聞いて、今までになかった興味がわいてきたような気がします。しおさい公園の、いろいろな音(やわらぐ音)がとても気に入りました。楽器(竹)で、いろんな音が出せるんだな。と思えて嬉しかったですね。また、今度、うかがいたいと心から思います。」(12歳女性) /「最近、ふと思う 人生とは? 何のために勉強している?

答えはもちろん人それぞれ　決まった答えなどない　自分なりの目標を見つければいい　それに向かってがんばる　生きていく　それがぼくの人生」(18歳男性)／「早起き　二日酔　だるい　電車乗り遅れ　遠い　雨　濡れる　しめる　荷が増える　音にまみれる　葉山にて　今日の嫌悪が全て消えた」(26歳女性)／「金曜日に仕事の関係でいやな事がありせっかく申し込んだにもかかわらず土曜日は重い足取りで参加しました。でも公園で作品を見ながら自然の中で耳をすますと、すべてを忘れ、とても気持ちの良い時をすごすことができました。普段、コンピューター関連のしごとをしていて、なかなか自然と接する時間がもてません。今回、参加することにより、風、音、竹、耳をすますこと、いろいろ教わりました。ありがとうございました。」(55歳男性)

12. 関根秀樹（せきね・ひでき）は、1960年福島県生まれ。桑沢デザイン研究所などの講師を務める。また現在、和光大学で「音と言葉の交差点」というタイトルで講義をおこなう。著書『民族楽器をつくる』『縄文生活図鑑』『原始生活百科』など多数。

13. 新井英夫（あらい・ひでお）は、1966年生まれ。1987年総合的身体表現グループ「電気曲馬団」を創立、主宰。89年より故・野口三千三（のぐち・みちぞう／元・東京藝術大学教授）より、体操を通じた自然哲学ともいえる野口体操を学び、身体表現創造に大きな影響を受ける。96年より、自身の創作ダンスユニットとして、DANCE-LABO KARADAKARAを創立、主宰。体奏家・ダンスアーティストとして、ソロ公演、国内外アーティストとのダンス公演をおこなう。

14. ワークショップの内容については、当館2005年3月発行のワークショップドキュメント『ひとときのかさなり』を参照のこと。

15. 葉山館、鎌倉館、鎌倉別館でそれぞれ年5本の展覧会がおこなわれるため、年間では15本となる。

16. 2005年の夏の学校との連携活動については、前年度の「きょうの　はやま……」の事例を踏まえて、どのような改善ができるか、地元の学校の先生方に美術館に集まっていただき、意見交換会をおこなった。配布物は学年別に配ると、該当学年でもあまりこうした活動に興味のない先生がいて、資料が有効活用されない場合もあり、一方で積極的に美術館との連携活動をしたいと思っている先生は別の学年であることもあるため、希望のクラスには学年にかかわらず配って欲しいとの要望をいただいた。2005年度はこの意見に対応できるよう学校教育課と連絡をとり合った。

17. ホルスト・アンテスは、1936年ドイツのヘッペンハイム生まれの美術家。絵画、彫刻、版画、仕掛け絵本などを制作。20代よりさまざまな受賞を重ね活躍。66年にはヴェネツィア・ビエンナーレでユネスコ絵画賞を受賞。67年よりカールスルーエ国立美術学校教授。キュビスムからの影響やアフリカ彫刻にみられるプリミティブな表現をとり入れながらも、〈頭足人〉像をはじめ独自の世界をつくりだした。現在、イタリアとドイツに在住。

18. ホピ族とは、北アメリカのアリゾナ州に住む、アメリカ先住民（インディアン）の部族。きびしく乾燥した気候の中、自然と調和した文化をもち、農耕を中心に生活している。カチーナとはホピの人々が信じ、宇宙のすべてのものに宿る精霊で、雨をよび、命を育むために冬至から夏至までの半年間やってくる。ホピの人々は現在も季節ごとに精霊カチーナに祈りを捧げる儀式をし、その儀式に参加できない子どもたちにカチーナの教えを伝えるべく、ポプラの木の一種を彫り、カチーナ人形をつくる。

19. 北山耕平（きたやま・こうへい）は、作家・編集者。雑誌『宝島』初代編集長、『ポパイ』米国特派員ほか、さまざまなメディアの世界にかかわる。『ネイティブマインド』『自然のレッスン』ほか、著書・訳書多数。

20. 参加者はまず展覧会を見学し、さまざまなカチーナ人形に出会う。その後、精霊が宿るオリジナルのカチーナ人形をそれぞれ考え制作する。藁で体の芯をつくり、焼き物用の土粘土で胴体をつくっていく。講師はアサバデザイン教室主宰の浅葉和子さん。

21. 真砂秀朗のインディアン・フルートと太鼓、Yae（本名：藤本八重）の即興のボーカルが、展覧会会場と続いて中庭に重なり響き合った。いつの間にか雨がやみ、月夜の中、キャンドルを囲みながらカチーナのための夕べは幕を閉じた。本文中の写真を参照のこと。

22. PFIとはPrivate Finance Initiativeの略。行政のおこなう公共事業を民間業者に委託することで、公共事業費の削減と、民間サービスの導入を目的とした事業のあり方。委託する範囲は事業の目的や性質によって異なるが、葉山館ではBOT（Build Operate Transfer）方式を採用している。これは、公共施設などを設立する際、民間企業が資金を調達し、建設し、その後の維持管理業務を一定期間委託され、期間終了後は国や自治体に委譲する方式。葉山館の場合は30年間の委託で、建物をはじめとしたハードの維持管理、受付、会場監視、ショップ、レストラン、駐車場運営などを民間事業者がおこなう。日本の美術館での初の導入事例として注目を浴びた。
23. 葉山館へは、地元からの来館者に比べ東京、横浜方面からの来館者が多いが、回覧板や町の掲示板や広報誌で展覧会をはじめとした活動のお知らせを定期的におこなうなど、学校以外にも地元との連携をおこなっており、徐々に認知率は高まっている。

◆参考文献

蔭里鐵郎.(2000).レクチャー1 美術館とは何か.全国美術館会議第15回学芸員研修会報告書「美術館・教育普及の可能性」.全国美術館会議.

稲庭彩和子、三ツ木紀英.(2004).きょうのはやまにみみをすます.葉山地域文化体験プログラム実行委員会.

稲庭彩和子.(2005).きょうのはやまにみみをすます.ひとときのかさなり－ワークショップドキュメント－（ミュージアム・ブック1）.神奈川県立近代美術館.

谷川俊太郎.(1982).みみをすます.福音館書店.

徳冨蘆花.(1933).自然と人生.岩波書店.

坂倉準三.(1951.3).鎌倉の現代美術館.新潮社.藝術新潮, 2（3）：90-93.

第4章

動物園での学び

並木　美砂子

1. はじめに

　動物園は、家族連れや幼児・小学生の遠足など多くの人々にとって「戸外レクリエーションの場」であり、一施設当たりの入園者数は博物館諸施設よりかなり多い^(注1)。屋外施設としての解放感と多様な生き物たちとの出会いへの期待感がこの数字に表れているのであろう。この章では、動物園における「生きている動物」の展示を介在させた学習という点に着目して、来園者への働きかけをどう考えているか、あるいは考えるべきかを扱おう。最近は、遠隔授業や出張授業など動物園スタッフと子どもたちとの動物園外でのやりとりも進んできたが、ここでは、動物展示を直接利用する来園者を対象とした実践について考えることとし、情報リソースとしての動物園の位置づけや、間接的利用は別の機会に譲ることとしよう。

2. 動物園における「学び手」をよく知る

(1) 学びとは：リアリティをともなう真実性の獲得

　まず、筆者がもつ「学び」についてのイメージについて述べておこう。人がなにかを学ぶとは、長い時間の流れの中で個人が変化しつつ、リアリティをともなうなんらかの真実性を獲得していくことである。ここでのリアリティとは、身体性をともなう実体験に裏打ちされたものという意味であり、真実性とは、「そうだ」と深くうなずける、その個人にとって意義深いことという意味である。リアリティをともなうには、実体験ができる環境構成が必要であり、そこに誘う社会的関係（他の人々とのかかわり）が条件となる。

真実性の獲得には、自らの感情について表現し、お互いに交換できるような他の人々の存在が必要となる。どちらも、周囲の事物とのかかわりと自分以外の人々とのかかわりの過程で紡ぎだされるものである。ここで「他の人々」とは、過去に出会った人々や記録の中に見いだす人々も含まれる。そして、

人々の交流の場（©千葉市動物公園）

年齢とともに自他の成長なり変化なりへの強い関心が自覚的に追求されて、真実と出会うこととなる。

　実は、このイメージは、筆者が日々かかわる子どもや家族連れとのやりとりの中で徐々につくられてきた。子どものなにげない素朴な質問によって自らの探求意欲がわいたこともあれば、高齢の方からしばしばうかがう、戦時中の毛皮産業の話に引きこまれたこともある。また、来園者どうしが互いに動物をみながら話がはずみ、それまで気づかなかったお互いの内面を少し知ることができたといったようすからも、動物園という場のコミュニケーション上の役割があることにも気づいてきた。こうして、リアリティをともなう「真実性」とは、動物園側と来園者側の人々の間で交わされるやりとりの中にも、来園者相互の間でのやりとりの中にも、さらには動物園側の人々相互のやりとりの中にも含まれる。

　このような体験は、特殊なものではなく、動物園でガイドなどの活動に携わる人々や、子ども動物園のように動物と来園者の間をとりもつ場の職員からも共通して聞かれることである。「じっくりと相手の話を聞いたときや、こちらの気持ちが伝わったときに『やりがい』を感じる」「今まで気づかなかった視点を会話の中で得ることができた」「これまでとはまったく異なる視点で動物を改めてみつめることができた」など、人とのかかわりがもつ役割が実に大きい。いうなれば、学び手とは来園者でもあり私たち動物園側の人々自身でもある。動物園という場で出会う人々が相互に学びあい、その中になんらかの真実性を互いに獲得していく、それが筆者のイメージする「学び」である。

(2) 来園者のもつ「あらかじめの動物イメージ」を知る

　まず、来園者が動物園で目にするのは動物の展示である。そのため、来園者がそれぞれどのように動物をみているかを知り、そこから動物展示をどう利用できるかを考えることとなる。

　実は、来園者の多くは、「こんな動きや特徴をみてみたい」という期待のような枠組みをあらかじめもっている場合が多い。それは、今日のメディアの急速な発達により、野生動物についてのヴィジュアルなイメージをもちやすくなったこととも関連すると思われる。自分の覚えているテレビ番組などの1シーンが思い起こされて、「ゾウ」といったら目の前のゾウとそのシーンとの比較が起こる。人々は、自分のもっているイメージに当てはまる姿を探し当てようとするという（Jackson, 1989）。逆に、名前も聞いたこともなく、どこに暮らしているのかもわからない動物は、ラベルをみただけで素通りしてしまうこともある。「なんとかトカゲだって……」で通り過ぎていってしまう。強い関心を寄せる動物と、まったく関心をもたない動物と、この極端な現象が並行して起きる。

　幼児の場合、絵本にでてくる「絵」として知っている「ゾウさん」あるいは童謡の中の「ゾウさん」と、目の前の「ゾウ」とが結びつかず、それと知らせないとわからない場合がある。結びつけるきっかけを用意して初めて気づくのである。そこでは、彼らの記憶を呼び起こすための周囲の人の働きかけが必要となる。「ゾウ」という言葉を大人が発してあげ、幼児自身が自分で「ぞうさん？」と繰り返すことで両者が結びつく。また、幼児は、まったく予想もしない反応をすることがある。種名の響きとか、個体名のおもしろさ、急に排泄したとき、突然声が聞こえたときなど、ちょっとしたことで興味を抱き、大人に質問をたくさんしたり、笑いが止まらなかったりと、自分のイメージがどんどん拡がっていくことがある。

　このように、来園者はどのような枠組みでその動物をみているのか、あるいは枠組みをもたずに、偶然の出会いがどのように気持ちを動かすのか、年齢の影響も含め知っておく必要がある。

(3) 多様な来園動機を尊重する

　来園者のさまざまな来園動機についても知る必要がある。特別に「動物を

見に来る」のではなく、誰かと外出の機会を楽しむために、都会の比較的安全な、管理の行き届いた公園として選んでいる場合もある。特に、幼稚園や保育所、小学校など、子どもたちが声を潜ませなくても、思わず走りだしても、ある程度の自由が許される、そんな非日常の体験ができる空間として保育者や教師が動物園を選ぶことは多い。

筆者の勤務する動物園では、ここ数年来、新入生を迎えたばかりの高校が、友達づくりのための企画「動物園に行こう」をレギュラーイベントとするようになった。また最近では、シルバー世代のグループが、写真の撮影場所やスケッチのために訪れることもある。シーズン中の午後、小学生たちがそろそろ帰り支度をするころ、グループホームや近くのデイ・サービスをおこなっている福祉センターが、ゆっくりと園内散歩を楽しむための場として利用することも多くなった。すべての動物園がその条件を満たしているわけではないであろうが、アクセスがよい都会の中の動物園は、気晴らしを兼ねた地元のグループによる利用が増えつつあると思われる。

博物館では、来館動機と展示利用状況や認識の変化に関連がみられる（並木ら，2005）ことも知られており、来園動機を知ってそれを尊重することは重要だと思われる。

3．動物園ならではのプログラム：動物展示利用を中心に

(1) 動物展示とは：動物たちの暮らしを見せ続ける営み

まず、動物展示の特殊な点を考えてみよう。誰もが、それはなにより「生きている動物を中心としていること」だと認めるだろう。ではこの特殊性はなにを意味するのだろう。「ものの配置」という他の博物館展示に比べ、動物展示の抜きんでた特徴とは、「展示する」だけでなく、「日々、展示し続ける」行為の中にある。生きている動物たちの生活そのものをその場に展開し続ける、毎日の営みが動物展示である。そのためには、それぞれの動物の生活要求をよく考え、繁殖条件を研究し、種特異性を意識して行動をよく観察し、動物の心理的な状況を思いやるなど、まずその動物に合わせた飼育環境を整えるためのさまざまな工夫が必要となる。さらに、それらを「展示」することになると、来園者による動物の理解が少しでも進むようなしかけづく

り、すなわち整えた飼育環境を「いかに見せるか」が必要となる。

「しかけ」というと、人為的に仕組んでいくような印象をもつかもしれないが、ここでいう「しかけづくり」とは、来園者の関心の深さや年齢、グループ構成、利用に要する時間など、多用な諸条件に応じて、動物に対する理解や尊敬の感情が進むよう、周囲の環境をつくるということである。それは、来園者が主体的になにか情報を求めようとする行動が生まれたり、グループ内でなんらかの情報交換が進む、持ち帰るメッセージがある（のちになんらかの折に話題になり、思い出すことができる）といった、利用の質的な深まりが起こるような工夫を意識的にしていくことである。通常、動物の体の特徴や行動を観察し、比較し、知識を得ることが動物園での学びなのではないかと受けとめられがちだが、動物の姿やしぐさをみれば、知識が自動的に来園者の頭の中に入っていくわけはなく、メッセージが浮かび上がるわけでもない。では、こうした工夫とは具体的にどのようなものが考えられるのだろうか。

(2) 間近さの演出：物理的距離・心理的距離を縮める

ゾウを例にとって考えてみよう。大人であれば、離れたところにいるゾウが、ときおり声をあげたり耳をパタパタ動かすようすから、ゾウらしさを認めることができるだろう。そして、あらかじめもっているゾウのイメージをそこで確認し安心できる。これは、ある距離をもって「眺める」ときの安心だ。

しかし、遮蔽物のないわずか2～3ｍ先のところで、ゾウが頭を振り鼻を振り上げたところに出会うと、自分のイメージを確認するということよりも、漂うゾウのにおいやさまざまな声や草を食べる音、一時たりともじっとしないで鼻を動かし周囲に注意を払うゾウのようす、その光る湿り気を帯びた鼻先に圧倒されるような感情を多くの人が抱くことだろう。間近さは「ゾウなるもの」という知識をいったん脇に置いて、「ゾウという存在」をまるまる感じ取れる一瞬なのである。また、幼児の場合は、声をあげることもできず、その実際の大きさと存在感に圧倒されてしまうことがある。音やにおいが感じられる、そして実物大が感じられるための、できるだけ来園者との短い「距離」は、子どもにとっては巨大さの実感と驚きという感情を生みだし、

大人にとってはたとえ一瞬でもそのゾウと対峙したという鮮明な記憶をもたらし、あるいは幼い家族が見せたその表情を「忘れられないできごと」にしてくれるだろう。

それでは、物理的にそれほど接近できない場合はどうすればよいだろう。双眼鏡を使用して動物を近くで見える

迫力満点のゾウ(多摩動物公園のアフリカゾウ)

ようにすることも考えられるが、「みたいもの」は見えても、その周囲の状況を視野におさめることはできない。また、双眼鏡を使い慣れている場合は、自らの体の延長として(つまり自分の目として)使え、自分がその動物の傍らにいるような気分にもなれるが、なかなか使い方に慣れていないとそのような感覚をもつのは難しい。そこで、動物の日常生活で使われているさまざまな遊び道具や生活跡を実際に触れてもらうことを含めた展示がよいと思われる。これは、実際の物理的距離をせばめることができない場合の「動物への心理的接近を演出する」ことだともいえよう。こうした身体性をともなう体験を重視した「動物の日常を感じ取ることのできる『もの』たち」は、(4)に述べる「入り込む疑似体験」にも使えるものである。

(3) 心理的な遮蔽物をとりはらう：「擬人化」の効用

動物の存在自体が魅力的なのだから、その雰囲気に浸るだけでもいいのではないか、という考え方も確かにある。しかし、動物の存在を雰囲気として感じることだけでは、どうしても人間の身勝手な「印象」の域をでることは難しい場合がある。もっと、動物の世界に迫れる工夫がほしい。では、どのような手だてが考えられるのだろうか。

その一つは、動物にはその種特有の行動があることを知ってもらい、その役割を理解するための手だてを講じることである。例えば、砂浴びをしているニワトリがいると、最初にそれを発見した子どもは、ニワトリが苦しがっていると誤解してしまう場合がある。確かに、羽を広げ、体をくねらせたりのけぞったりしているようすは、その子にとって「ニワトリになにか異変が起きている」と映っており、この誤解には根拠がある。砂浴びということを

知らない子どもにとっては、それは苦しがっているのかもしれない、どうにかしてあげなくちゃ……という気持ちにさせる行動だったわけであり、その気持ちには偽りはない。こんな場面に出会ったとき、「それは砂浴びです、苦しんでいるのではありません」と結論を最初に述べてしまっては、「そうか」で終わってしまい発展はない。

　そんなときは、どうして苦しんでいると思うのかをまず問うのがよいだろう。いろいろな理由がでてくるので、それを聞いてあげるのが必要だ。「首を背中のほうに向けてぎゅーっとかたむけているから……」という答であれば、「そうだね、人間がそんなことをするときは、どこか痛いとか苦しいとかいうときだよね」といってあげよう。「だからそう思うんだね」とフォローした後で、よくニワトリをみる時間をつくってみると、首をあちこち回して器用に羽づくろいしているようすが必ずみられる。

　時には、羽についている小さな虫をルーペなどで捜させるとよいかもしれない。羽づくろいをしながら、小さな虫やゴミをとっていること、砂を浴びるときに、翼を広げ、羽を根元から立たせるようにし、身震いしながら砂を体に器用にかけていること、首をあちこち曲げてつついていることなどが時間をかければかけるほどわかっていく。それをみているうちに、「砂浴び」という行動があることや、一羽がそれをし始めると、他のニワトリたちもそばで始めることから、それは苦しみの表れではないらしいと納得していく。そんなニワトリのようすをみながら、「人間は体をきれいにしたかったらどうする？　体に虫がついてたらどうする？」などと話を進めていくと、砂浴びは人間でいうとおふろのようなものだと気がつくことにもなる。

　この例は、子どもたちが、それぞれの動物世界を理解するために「擬人化」手法をとり入れたものである。擬人化には、動物を人間の世界に引き寄せて考える場合と、自分が動物の立場に立ってみるという場合の二つがあるが、前者は筆者が以前「皮相的擬人主義」として分類したものである（並木，2005）。本来、相手の世界に入り込んでみて初めて、その相手の立場や気持ちを理解することができるわけで、後者の「擬人化」はその種独自のありようを理解する第1段階として重要だと思われる。つまり、擬人主義と擬人化とを分けて考えることを勧めたい。

(4) 動物の生活に入り込む体験を用意する

　もちろん実際に「入り込む」ことはできないが、動物たちの世界を人間の世界のほうに引き寄せていわば「人間になぞらえる」のではなく、自分の方から、自分の諸感覚を生かして彼らの世界の方に自ら近づいてみる、「自分を動物の世界においてみる」というような意味での「入り込み」体験を用意したい。この体験は、彼らなりのルールや生活のしかたを知ることが必要で、実際にみえる事柄を人間社会の側から解釈するのではなく、「その動物の立場から」解釈しようと努力することが必要になる。そして、自分はその動物とどんな点が異なっていて、しかし同じところもあるという感覚をもつことが重要である。おそらく、年齢や動物への関心、あるいはすでにペット飼育など動物との深い関係をもって生活しているかどうかという個々人の日常経験が、この「入り込める」かどうかに深くかかわるのではないかと思われる。少し具体例をあげよう。

a．展示動物の「個体の生活史」を知らせる

　最近では、種名や種としての分類学的特徴、生息地を紹介するだけでなく、そこで飼育展示されている個体の名前や生年月日、家系を紹介するラベルを用意する場合が多くなっている。これらの工夫は、サルや類人猿をはじめとした、大型の哺乳類にその傾向がみられるが、それは、外観からの個体識別がしやすいことにも関連している。それぞれの個体には、由来（繁殖、他の

展示動物の個体表（多摩動物公園のチンパンジー展示）

動物園との交換、救護収容など）があり、他の動物園の飼育個体との関係があり、それには歴史があるという事実は、重要な「生活史」の情報源である。例えば、現在よくおこなわれている方法は、個体ラベルを「個体表」という大きな看板に貼りつけていく、あるいは、ページをめくるような方法でそれぞれの個体情報に当たることができるなどである。

　来園者はまず、動物園という空間の中で一生を送る動物たちがいるという事実や、大きさや種類によって人間による個体識別の方法が違うこと、動物園同士の繁殖協力をはじめとした協力関係があることを知ることができる。また、それぞれの種類により、社会構造が異なり（群れ構造をもつ動物ともたない動物がいる）、血縁関係と群れ構造の関係も異なることなどへの関心を喚起することもできる。

b．動物の行動理解の手だてと支援

　動物の行動を観察するため、よく使われるツールのひとつが「エソグラム（行動パタンを絵や文字で表したもの）観察シート」である。

　ふつう、動物を観察するといっても、「なにを」「どのように」観察するの

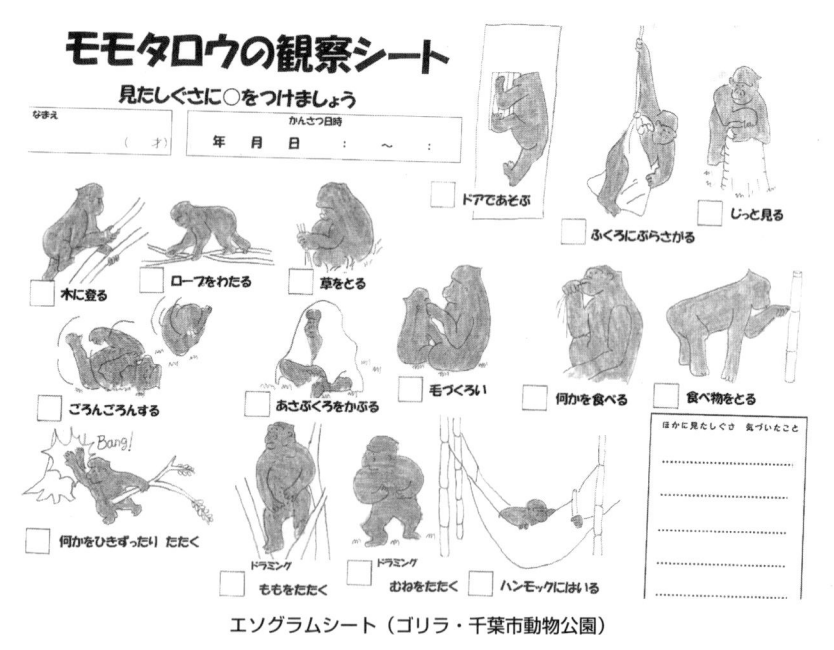

エソグラムシート（ゴリラ・千葉市動物公園）

がよいかは見当がつかない。それは、「見えていても、それをどう表現すると自分も他人もわかるのか」がわからないからである。もちろん、何時間もそこにいることができ、なにをしているのか、みたできごとをフィールドノートにつけていくことに慣れていれば別であるが、それには熟練を要する。

そこで、動物園ではそれぞれの動物のしぐさがよくわかるような観察しやすい動物を例にして、あらかじめ絵や写真で典型的な行動パタンの種類をいくつか示し、それが確認できた場合にチェックするようなエソグラムシートを用意している。このシートを使い、まずは10分程度一個体を追い、見えた行動がどの行動に当てはまるかをサーチしてもらう。次の段階では、どのくらいの頻度でその行動が起きるのかをやや観察時間を長くしてカウントするか、全体としてどのような行動が起きているかをその群れ全体をざっとサーチして記録するかがよい。前者は行動観察法でいうところのタイムサンプリングの擬似的体験であり、後者はスキャンサンプリングの擬似的体験となる（マーティンとベイトソン，1990）。これらの方法に少し慣れていれば、フィールドノートやカメラを用意して自分に合った方法をみつけることも可能となる。

しかしこうした観察も、一つ一つの行動が本来どのような意味をもつものかについての解説がないと、エソグラムに表現された行動を「みつける」ことが主目的になって、どのような順序で行動が展開するのかそのシークエンスを無視したり、そこから見えてくることを落としてしまうことになりかねない。そのため、まず「よくみること」を励まし、辛抱強く行動を追い、よく動物を知っている人とともにその結果を考えることが重要になる。

c．入り込むことの意義

「生活」を知り、「行動をよくみること」を通じた、「入り込んでみる」ことの意義について再度考えてみよう。「入り込み」には五感による体験がともなっており、それはすなわち身体に刻み込まれ、記憶の助けとなる。ここでの「記憶」とは、しまい込むことではなく、しまい込まれた事柄を、なにかのきっかけに思い出すことである。その場の状況をありありと思い浮かべるときには、そのときの触感、においの特徴、動物が生み出す音や、そのときいっしょにいた友達の声などそのときの具体的なできごともいっしょに思

い出しているのではないだろうか。例えば、ずいぶん前のことでも、似たような場所にきて、誰かと動物園に行ったときのことを、そのときのいっしょにいた家族が誰だったか、どんなにおいがしていたかをまざまざと思い浮かべることができるように、ことばではなく、身体性をともなったできごとが記憶としてよみがえるのではないだろうか。そして、記憶は何度でもそのときの自分の気分を味わうことを助け、一瞬でもその動物と同じ空間に「いた」ことの意味を探る助けとなる。

　だから、たとえわずかでも、一定の時間、その対象の存在する世界に自らでかけていくような気持ちをもてる体験、集中してみる体験を用意したい。特に生き物の世界の場合は、その世界から自分たち人間を眺めてみる気持ちを味わってみることが大事になる。例えば、実際に動物が日常使っている展示場の小道具や自然物がなにであるかがわかり、それをどのように利用しているかを知って、自分で実際に似たものを使ってみるような試みである。ゴリラであれば、遊びに使う木ぎれやロープ、古タイヤ、隠れ場にいつももっていくお気に入りの布きれなどの小道具、水の流れ、ころがって体をこすることのできる草、ベッドづくりに必要な枝や葉といった多くの自然物を間近にみて、それと同等のものを手にしたり、実際にゴリラが遊びに使った痕跡のあるものをよくみて知ってもらうということである。時には、食べている草の実物を手にとりにおいをかいでもらったり、人間が素手で草をもつと時には指を切ってしまうくらい葉の縁が鋭いのに、ゴリラは平気でそれをわしづかみにして口にもっていくことなど、驚きの連続である。

　このように、動物たちの世界を深く知るための五感を駆使した「入り込んでみる」体験は、次に述べる「動物へのリスペクト」という感情をつくりだすことにもつながる。

d．動物へのリスペクト（尊敬）という感情の創出：対話の重視

　「動物へのリスペクト」という感情をどうわかりやすく表現していいのか難しいが、あえていうなら、生き物の生き様への共感や存在自体への感謝、自分自身の生命への関心などになるだろうか。

　動物園ではまず、目の前でたくさんの「動物たちの生活」と向き合え、手応えのある事実やできごとに出会える。しかし、そのできごとをその現場を

離れて少し客観視できるような時間と場も重要である。この客観視が「リスペクト」という感情をつくりだすうえで重要である。その方法にはいろいろあるが、学校利用であれば事後学習の時間がそれに当たり、一般来園者の場合は写真をみながらの、あるいは誰かに今日のできごとを語るときにかいまみられることだろう。

　しかし、動物園としてそのような場をどうしたらつくっていけるだろうか。その一つの試みとして、「手紙のやりとり」を紹介しよう。来園者が、質問という形で、あるいは自分の感じたことの記述という形でなにかを書ける場を設置する。それを読んだ動物園側の人々がそれに回答を書いたり、励ましたり、自らの印象や若干の解説を加えたものを横に書いておく。次にそれを読んだ来園者はそれが動機づけとなってまたなにか書きたくなる……というものである。

　もう一つは、動物園側の職員との対話を勧めることである。それは、大勢を対象とするようなガイドや説明とは異なり、対話自体を目的とするような少人数の取り組みである。対話には、その人なりの体験や動物の見方が反映し、それを交換しあうことにより来園者がメッセージを持ち帰ることができる。知識の受け渡しではなく、動物をどういう存在として感じているのかという、どちらかというと「態度」の伝えあいのような特徴をもつと思われる。実際には、ガイドの後に５分くらいの立ち話の中で、あるいは子どもがワークショップでなにか製作に取り組んでいるときに親と職員の間で交わされる、そういうほんのわずかな対話が多く、さあ、対話をしましょうといって場をあらかじめ設定してもそれはうまくいかない。来園者は、ふっと頭をよぎる疑問や感じたことを、なにげない会話の中で表現するものだからである。それをきっかけに対話の時間を意識的にとることもよいだろう。

　また、子ども動物園などのように直接動物に触れることができるところでは、動物を介した対話がかならず起きているものである。動物との接し方について教える中で、動物園側の態度はその語り口の中に表れ、子どもの発する質問や反応に応じる形で実際の対話は進められている。問題はそういう自覚をもって動物園側が話をしているかどうかに尽きるだろう。互いに目をみてゆったりとした時間の中で語り合えるような特別な場づくりも有効であろ

う。

「注意する」中に、「解説する」中に、常に動物園側の動物へのリスペクトという感情は表れる。解説に携わる人は、整備されたマニュアルによって誰でも同じような内容で語れることが重要だとされているが、特に生きている動物を介在しているような場合は、その子ども－その動物－その解説者という三者の関係が展開しており、子どもの年齢や関心・動物の個性に応じたやりとりがそのつどどうしても必要になる。むしろ、そうしたやりとり自体を解説にかかわる側も楽しめるような雰囲気づくりが重要に思われる。

e．動物展示の「見方」をトレーニングする：動物園リテラシーの構築

「動物の見方」ではなく、「動物展示の見方」にたけてもらうにはどうするかを考えてみよう。前者は、その対象とする動物の特徴を知ったり、他の動物と比較するという目的、すなわち動物それ自体への関心が根底にあるが、後者は、展示を成り立たせている背景への関心にもとづく。

この二つは、博物館全般にもいえることのように思われる。例えば、美術館であれば、その作品と対峙し作品そのものへの関心を深める前者と、展示を構成し、そこに永続的な場を存在し続けさせる美術館という「場」の理解を深めていくのが後者である。こうした「場を成り立たせている背景の理解」をここでは「リテラシー」と呼ぼう。

動物園リテラシーの構築には、動物園側と来園者側とのそれぞれの役割を互いに知り合うことが、まず必要であろう。なにより、場の提供者と場の享受者は、その場のあらたな価値創造に同じように責任をもっている。こう述べると、場の提供者は多くが税金の投入によって成り立っているのだから、場の享受者たる人々へのサービスという形でなんらかの満足を与えるべきである、という意見と真っ向から対立しているかにみえる。しかし、よく考えてみると、この「なんらかの満足」というものは、時とともに変化し、その変化への対応を受け身的におこなっていくのが公的機関の義務というわけではない。動物園という場の成り立ちに対して来園者がよき理解者であればあるほど、むしろ、その満足の質は変化し、よりよき満足とはなにかについて考えることができるようになる。やがてその運営に対して自ら参画し責任の一端を担いたいという気持ちも生まれるだろう。公的であるなら、実際の運

営状況を公開し目標を提示しつつ、目標設定やそれに照らした評価に多くの人々の参加をうながすことこそが必要であろう。

このような意味で、動物園リテラシーの向上に寄与する具体的な手だてとして、動物の解説ではなく、「展示解説」「動物園解説」の取り組みが重要だと考える。具体的には、展示法の変化を大枠で知ってもらうこと、動物の福祉を考慮した展示の工夫を示すこと、あるいは、さまざまな解説のためのツール（標本、模型、パネル、観察のための道具類）を製作する体験やその製作したツールの利用調査など、動物園側のさまざまな工夫を実感してもらう取り組みが含まれる。

例えば、小さなハツカネズミをよく観察し、ハツカネズミが求める隠れ場や、ネズミの運動能力がよく発揮できる遊び場づくりに取り組んだ後、その遊び場を解説するパネルをつくってみるなどが考えられる。具体的には、ハツカネズミがほぼ垂直に立てられた小さなはしごを登っていけるが、それは小型のネズミ類に共通する能力でエサを探すために必要な運動能力であること、下りも細くて長い尾を使って体を支えながら上手に降りてくることができること、体を隠すことのできる場を常に探し、仲間のネズミが隠れるとそこにいっしょに隠れようとすることなど、ネズミについての解説と、実際の観察でよく知ることになる。その後、どういう構造物をつくってあげるとネズミたちがうまく生活していけるのかを考えて製作し、それを試し、その結果をまた観察して自分たちのつくった遊び場をネズミの立場から評価するというものである。そして、こんどは製作した遊び場がどのようにそれをみた来園者に受けとめられるのか、そこまで知ることにより、動物のための飼育環境整備と展示としての評価が体験できることになる。

こうした、「観察→製作→解説→評価」の一連の流れを実際に体験することは、擬似的ではあるが動物展示の方法と、来園者にその展示でみてほしい工夫がうまくみてもらえるのかどうか検証するという、動物園リテラシーの

ネズミの遊び場づくり（©千葉市動物公園）

向上に役立つものと考えられる。

f．動物園ガイドの特徴：科学的接近と動物園リテラシーの統合

　もう一つの動物園リテラシーの構築に関する活動として、実際に多くの動物園で試みられている「動物園ガイド」をあげることができよう。

　通常、動物園での「ガイド」には、「動物をよく知ってもらうためのガイド」と「動物園という場をよく知ってもらうためのガイド」の二つの種類があるが、実際にはこの二つがはっきりと分けられておこなわれているわけではない。

　前者についてまず考えてみよう。動物をよく知ってもらうためには、その種の外的特徴や環境への適応といった「種類」としての紹介という場合と、その時一瞬のある個体との出会いを大事にする場合があるが、「種類としての特徴」や「行動」の解説をするうえでは、それを説明できるような道具立てが必要となる。いわば、動物に対して科学的な接近をはかるための標本や写真、絵などの解説素材である。また、個体との出会いを大事にするには、他個体と比較してわかりやすい特徴を示したりその個体の生活史に関するエピソードを用意すると、動物への心理的な距離をぐっと縮めることができ、身近な存在として感じとってもらえることが多い。目の前に展開する「日々の生活」には、種としての生活と個体としての生活の両者が確かに反映している。

　では次に後者について考えてみよう。実は、身近に感じてもらうためのエピソードの用意や、ガイドの時間に合わせた採食風景のセッティングなど、その動物をよく知らせるためのさまざまな「しかけ」の多くは、飼育担当者の協力のもとで展開できるものとなる。わかりやすい個体表示にも担当者からの日々の情報が生かされなければ意味がない。したがって、前者の「動物を深く理解してもらう・知ってもらう」うえで、これらの「展示の成り立ち」「情報利用法」についても必然的に触れることとなる。その際、動物園としてはなにをみてもらいたいのか、知ってほしいと思っているのか、そのための工夫はどこにされているのか、といった展示の成り立ちや展示の背後にある「意志」を打ちだすことにより、動物園という場が世の中にある意味についても関心がもたれることになる。よく「裏側ツアー」などの名称で、普段

は目にすることのできない動物舎や餌の保存施設などを見学するガイドもあるが、これも「目に見える」展示を支える「見えない」しくみを知らせるものである。「動物について知る」と同時に「動物のためになにがなされているか」「動物園運営のためになにがなされているか」そして「動物園がなんのために存在するのか」という問いをもってもらうことにより、リテラシー構築にもかかわることとなる。

　繰り返しになるが、「動物のことを知ってもらう」と「動物園という場について知ってもらう」ことは不可分であり、実際のガイド場面では両者が入り交じりながら、あるときは前者に、あるときは後者に重点を置きながら、来園者の関心に沿う形でおこなわれるのが常である。しかしガイドには、この二つの異なる側面があることを銘記しておきたいのである。

　特に、対話型のガイドによって動物園という場の成り立ちを知らせることは、来園者による動物園リテラシーの向上に貢献し、そのことにより、いっそう動物たちに対する関心も高まることが予想できる。なぜなら、展示環境を整えようとする人々の「意志」を感じ取り、その動機に対して思いを巡らせることにより、さらに動物と動物園に対する理解が深まると考えられるからだ。

4．子どもの内面を理解する手だてとしての動物

(1)　子どもの年齢を考慮する：子どもの内面と行動

　筆者は長い間子ども動物園というところで動物と子どもたちの間の橋渡しの仕事を続けてきたが、子どもたちは年齢に応じてさまざまな行動を見せてくれる。1、2歳であれば興味のある動物の目をつつこうとする（指先が自分の興味の表れを示し、それを周囲の大人にわかってほしいということ）。もう少し年齢が上がれば、ほっぺたを寄せたりぐりぐりなでてみる（自分が気に入っていることをそうして表現する）行動などがみられ、小学1年生くらいになると、動物の毛を引っぱってみたり（反応を確かめたい気持ち）、餌を食べてもらおうと口の場所を探す（なにかしてあげたくてうずうずしている）行動などが表れる。3、4年生あたりになると、からだそのものに興味がわいてきて、フンをするところをじーっとみたり、鳴き声のまねをして反応を確かめ

たりと、ふれるだけでなく「みる対象」としても興味がわいてくる。

　このようにいろいろな働きかけをしている姿に出会うと、子どもたちが自分の意志でどうにかしてその動物にかかわろうとしているのだということがわかる。もちろん、動物にとってあまりに迷惑な接し方の場合や、あきらかに危険な場合は、その理由をいって制することもある。だがそうした制止は、動物の種類の選択によってかなり少なくすることも可能である。例えば、ヤギは実に好奇心旺盛で人間をよく観察し、人間の接近を嫌わない場合が多い。多少たたかれてもごしごしなでられても大丈夫であり、いやだと思えば高いところさえあればそこに行ってしまう。小さなモルモットなどではそうはいかない。目的と関連させた動物の選択が鍵となろう。

　なお、思春期に入り始める頃、多くの子どもが自分の生きている意味を問い始めるようになる。男女差や個人差もあり、すべてがそうなるとはいえないが、自分の中の「生き物性」を自覚することで、生き物をうとましく思ったり、遠ざけたくなる衝動が起きることもある。極端には動物嫌いや肉が食べられなくなるという現象にもなる。成長の節目に当たり、低学年の頃とはまったく異なる要素が含まれていくことを私たちは理解しておくことも大事ではないかと思う。人間が生物の一員であるということ、動物たちとの深い結びつきをもつ存在であるということを学習の内容にとり入れつつも、こうした心的発達課題、すなわち、利用しながら生きていかざるをえない生き物である「人間」の矛盾に、高学年ではすでに対峙し始めている場合があることも考えておきたい。

(2)　子どもの表現からひきだせること

　さて、子どもの気持ちは動物との接し方によく表れるので、その意味でも動物の存在の大きさには計り知れないものがある。その動物がいるおかげで、子どもの内面を少し理解できるようになるのである。この、「動物たち・生き物たちが、その子の内面を理解する手助けになる」という点は、教育現場にとっても重要な意味をもつだろう。例えば、以前こんなことがあった。その教師は、養護学級の担任で、ある子どもが野菜をテンジクネズミ（モルモット）の口にぐりぐり押し込んで「食べなきゃダメ！」と激しい口調でいっているところをみて、「私たちのやりかたをまねしているんですね。

この子たちに私たちもこんなふうに無理やり食べさせようとしている……」と涙ぐんでいた。本当にそうかどうかは筆者にはわからないが、少なくともその教師にとっては、動物とかかわる子どもの態度から、その子の内面をおもんぱかったことになる。

また、動物園訪問後に、たくさんの子どもたちが手紙や作文、絵などを送ってくれるのだが、その一つ一つに込められた動物との出会いの意味の大きさを私たちは知ることができる。何年かして、その過去の記録をみた先生は、その子たちが動物たちをどのように感じていたのかを知り、現在の子どもの理解を深めるのに役立ったという。

動物園として重視したいことは、少なくとも、動物たちとのかかわりのようすが、周囲の身近な大人には「その子どもの発見」に役立っているという点である。他の博物館における「子どもと『もの』とのかかわり」に比べ、動物園では「生き物への態度・ことばかけ」が表れやすく、子どもの内面を知る手がかりにあふれている。

5．おわりに

あらためて、博物館諸施設の中で、動物園という場のもつ特殊性を考えてみよう。安全な環境での比較的開放的な雰囲気、そこで動物とかかわれる非日常的体験の場が動物園である。来園者と展示者側、それぞれの思いとイメージが持ち込まれ、動物園側としての展示の工夫やガイドをはじめとしたさまざまな活動が展開する。動物園側にとって来園者の学びを考えるうえで大事なことは、来園者どうしの「互いの新たな発見」が進み、それを支える動物と動物園側の工夫について深く理解してもらえる人々をどう増やしていけるかなのだろうと思う。

本稿では、環境教育や持続可能性の教育など、最近動物園に課せられる教育の内容に関する問題に触れなかったが、それは動物園がこうした「内容」に無関心でいいからというわけではない。ここでは動物とともに生きてきた長い人類の歴史を、深い感情の部分において考えることにも力点を置くべきだという主張をしたのである。そのため、実際に筆者が体験したエピソードや利用しているツールを紹介しながら、どのような考えのもとに来園者に働

きかけているかを述べることに重点を置いた。動物園の展示改革やそこでの思想的系譜については並木（2005）を参考にしていただきたい。なお、園内の動物解説・展示解説を含むサインデザインについては、教育プログラムの主要なツールでありこの分野も日進月歩であるが、本書ではデザイン論として別の章があてられていることから、割愛したことをお断りしておく。また、動物園における多様な学習プログラムについては、社団法人日本動物園水族館協会の教育事業推進委員会がまとめている資料が参考になる[注2]。

◆注釈
1. 平成14年度の文部科学省による社会教育調査によると、博物館諸施設の中で、動物園（類似施設を含む）の一施設当たりの平均利用者数は約38万人で、総合博物館の約4万人、美術博物館の約5万人をはるかに超えている（http://www.mext.go.jp/b_menu/toukei/001/004/h14/04041602.htm参照）。
2. 日本動物園水族館協会のホームページ「教育事業」（http://www.jazga.or.jp/kyouiku_p/index.html）を参照のこと。

◆参考文献
Jackson, D. M. (1989). Making Visual Contact at the Gorilla Interpretive Center. *Visitor Studies : Theory, Research, and Practice*. 2：225-237.
並木美砂子. (2005). 動物園における親子コミュニケーション. 風間書房.
並木美砂子, 竹内有理, 落合啓二. (2005). 企画展示「持ち込まれたケモノたち」の展示評価. 千葉県立中央博物館自然誌研究報告. 8（2）：61-80.
マーティン・P, ベイトソン・P. (1990). 行動研究入門―動物行動の観察から解析まで. 東海大学出版会.

第5章

まちをつくる、まちをあそぶ
―「ミニさくら」と「体感する美術」―

中村 桃子／永山 智子

1.「まちづくり」を楽しむ
～「ミニさくら」で活躍する子どもたち～

(1)「ミニさくら」の概要と仕組み

　静かな住宅街の静かな商店街が7日間、延べ2600人の子どもと550人のボランティア、そして子どもについてきた保護者などで賑わった。歩行者天国のあちらこちらにお店や工房などのブースが設置され、"一人前"の顔をした子どもたちが生き生きと働いている。笑顔で走り抜ける子どもたち。声を張り上げ品物を売り歩く子どもたち。「税金を集めに来ました！」と二人組でお店をまわる役人。市役所の前には「市長になりたい人は市役所へ！」とペンキで書かれた畳大の看板。選挙や、結婚式までおこなわれる。

　お手製の衣装をつけた子どもたちが楽器を鳴らして楽しそうに練り歩いているのは「チンドンや」だ。商店街の入り口付近のテントでは、「大人の学校」の授業中。大人を前に教鞭をとる女の子の声が一段と輝く――「それで

商店街の軒下に子どものまち

大人の学校

表5-1 子どもがつくるまち ミニさくら

	年月日	主催	会場	参加人数（延べ）	サポーター人数（延べ）
1回目	2002.3.28～31	（特非）NPO佐倉こどもステーション	中志津中央商店街	1171人（約2000人）	166人（388人）
2回目	2003.3.21～24	実行委員会佐倉市教育委員会	七井戸公園自由広場	1601人（2600人）	191人（約400人）
3回目	2005.3.27～4.2	NPO子どものまち	中志津中央商店街	1243人（2635人）	249人（555人）

出典：任意団体「NPO子どものまち」

はテストをします！」

　買い物をする子どもが手に握りしめているのは、働いて稼いだモールと呼ばれる紙幣。「職安」の前には職を求め群がる子どもたちがいた。

　これは、2005年の春休みに千葉県佐倉市で開催された「子どもがつくるまち　ミニさくら2005」の様子だ。子どもたちがさまざまな職業を体験し、子どもたち自身の「まち」を運営する催しで、幼児から18歳までが市民権をもつ。子どもたちが思い切り楽しんでのびのびと主体性を発揮できる機会をつくることを目的に2002年に第1回を開催し、今回は3回目となった(表5-1)。

　「ミニさくら」の仕組みは次のとおりだ。来場した子どもたちは受け付けで参加費（期間中有効）を支払って市民カードを受け取る。次に「職安」でやりたい仕事を選ぶ。選んだ仕事のブースに行き、10分でも一日中でも、好きなだけ働く。そして「銀行」に行って、働いた時間に応じた給料を、独自通貨モールで受け取る。稼いだ給料は「ミニさくら」の中で自由に使う。

　手打ちうどんやサンドイッチ、わたあめなどの食べ物、デパートに並んだ手作り工房の品々を購入したり、ネイルアートやマッサージのサービスを受けたり、土地権利書と建築資材（ダンボール）を買ってマイホームを建てたり店を開くこともできる。また、「職安」には何度でも行って次の仕事に就くことができる。

　「ミニさくら」に用意された職種は、市役所などの行政機関、手打ちうどんなどの食べ物屋、裂き織りなどの各種手作り工房、デパート、新聞社、美容院、発電所、看板屋など、40種以上に上る。今回初めて設けられた「大人

の学校」は、子どもを連れてきた保護者に子どもから離れてもらうことをねらって設立され、入学した大人に「ミニさくら」の仕組みや理念を説明したりガイドツアーをおこなった。

(2) 「ミニミュンヘン」から「ミニさくら」へ

「ミニさくら」が開催されるにいたったきっかけは、筆者が「遊びのまちミニミュンヘン」(以下「ミニミュンヘン」)を知ったことに始まる。「ミニミュンヘン」はドイツのミュンヘンで20年以上の歴史をもつ取り組みで、子どもたちが好きな仕事を選んで働き、稼いだ給料を自由に使い、市議会や選挙もおこなう子どものまちだ。隔年の夏休みに1か月間、オリンピック公園の競輪スタジアムを会場に開催されている。

ミニミュンヘン　職安前

1996年の冬、筆者はその夏の「ミニミュンヘン」を見学した方の報告会に行き、数々のスライドに衝撃を受けた。「どうしたらこんなことができてしまうのだろう？　いつか自分の目でみてみたい！」と思い、4年後の2000年の夏に「ミニミュンヘン」を見学することができた。

「ミニミュンヘン」のおもしろさは想像以上だった。一歩足を踏み入れると、一日に2000人訪れる子どもたちの活気に圧倒された。巨大な体育館の中に、書き割りの店や工房やレストラン、市庁舎、インターネットカフェ、大学、テレビスタジオ、郵便局などがならび、壁にはそれぞれの店やイベントや、市長、議員選挙立候補者のポスターやチラシがベタベタ貼られ、手押し車式タクシーまでが交通事故を起こしそうになりながら走っている。どこをのぞいても、生き生きと働いているのも客として楽しんでいるのも子どもたちだった。そしてその後ろに、黒子に徹して子どもたちの活動をサポートする大人スタッフの姿を時々みかけた。

筆者も＜手作り工房＞の中に折り紙と習字のコーナーを出させてもらいながら9日間「ミニミュンヘン」に通う中で、たくさんの子どもたち——ミニミュンヘン市民たち——に出会った。どの子も皆、生き生きと自分のやりた

いことをやっていた。自分のまち、「ミニミュンヘン」への強い愛着と誇りが感じられた。一人一人が"一人前"の市民だった。結婚している子までいた。週に一度の市長選挙で3回当選していた12歳の女の子は「ミニミュンヘン」の問題点と政策を熱く語ってくれた。そして、「ここでは大人に命令されないで好きなことができるから大好き！」といった。

　子どもたちの活気と自信と誇りに満ちた様子。大人のスタッフたちの、子どもたちをしっかりサポートしながら決して大人の考えや理想を押しつけず、黙って見守る姿勢。そして、やりたいことしかやっていない子どもたちによって、実際のまちに劣らない機能をもつ「ミニミュンヘン」がしっかりと回っている、という事実に筆者は圧倒された。「こんなおもしろいことに、子どもとして参加したかった！」という悔しさから、「ミニミュンヘンをぜひ、私が育った佐倉でやりたい！」という夢を抱いた。

(3)　「ミニさくら」開催へ向けてのプロセスと＜10代スタッフ＞の活躍

　特定非営利活動法人 NPO佐倉こどもステーション（以下SKS）は1984年から千葉県佐倉市で、佐倉おやこ劇場として、舞台芸術の鑑賞体験、異年齢集団での遊びや、自然体験などの活動を通じて地域での子育ての輪を広げるとともに、子どもたちの主体的な活動の場をつくりだしてきた。2001年にNPO法人として名前を改め新たなスタートを切ってからは、活動の対象を会員のみでなく地域全体の子どもと大人に広げてきている。筆者は小学生の頃から学生時代までこの会に所属しさまざまな活動に参加していた。2001年春、この会に再入会した筆者は「ミニミュンヘン」の感動を口角泡飛ばす勢いで語り、夢の実現への賛同者を得た。

　「ミニさくら」を企画するに当たってまず考えたのは会場探しである。初めは学校の体育館とグラウンドや、コミュニティーセンターなどを考えたが、数日間借り続けるのは難しそうだった。そこで現実の商店街を会場にし、空き店舗や店先のスペースに「ミニさくら」のお店や工房を設ける方法を思いついた。現実のまちから離れ、閉ざされた所に子どものまちをつくるより、現実の商店街に子どものまちを重ねたほうが、地域の人々との交流も生まれ、大人社会に子どもたちの生き生きとした姿をアピールできると考えた。そして、アーケードつきで車が入らない造りの中志津中央商店街のご協力を得、

会場が決定した。

　次にスタッフ（サポーター）集めをおこなった。初めはSKSの理事や会員、つながりのあった子ども会の役員の方、学生、地域のお祭りでみかけた男性料理サークルの皆さんなどに声をかけ、12月末に第1回スタッフ会議をおこなった。30人を超える人々が、「子どもがまちをつくる」という得体の知れない企画に関心をもち、集まってくださった。スタッフ（サポーター）は、各ブース（「ミニさくら」の仕事場）を分担しそれぞれ資材集めなど準備を進める。仲間増やしも各自にお願いしたところ、「ミニさくら」当日までに4回おこなったスタッフ会議への参加者は回を重ねるごとに増え、4回目には70人を超える人々が口コミで佐倉市内外から集まった。地元の土建組合をとおして、本職の大工さんたちに「ミニさくら」の＜工務店＞の担当をお願いすることもできた。

　また、日頃からSKSで活動していた中高生に第1回ブーススタッフ会議への参加を呼びかけたところ、興味をもって出席してくれた。会議では大人からの質問や不安の声が絶えなかったが、筆者はそのすべてに答えることはできずにいたところ、彼ら中高生は、大人の質問や不安の声に当事者として積極的に向き合った。例えば、「どのように子どもをサポートすればよいのか、どこまで手を出してよいのかわからず不安だ」という大人に対し、必要な援助はしてほしいとはっきり伝えたうえで、「ミニさくらの警察は手や口を出しすぎる大人も取り締まります」と発言したり、「幼児も参加させるのか、幼児に仕事ができるのか？」という質問に対し、「幼児ケアの仕事をつくろう！」と発案したりした。彼らの発想のすばらしさに気づいた大人が「細かいことは＜10代スタッフ会議＞を開いて決めてほしい」と提案すると、彼らは快く受けてくれた。彼ら自身も、自分たちが「ミニさくら」の企画に必要不可欠な存在であることを認識したのだと思う。

　＜10代スタッフ会議＞で彼らは「ミニさくら」を「自分たちのまち」として自由に思い描き、とことん、おもしろさや楽しさを追求しながらアイディアを出し合っていた。例えば、4日間の「ミニさくら」では選挙や市議会は無理だろう、と勝手に思い込んでいた筆者の思い込みを軽々と乗り越え、「市議会？　開こうよ。選挙も毎日やればいいじゃん！」とまちづくりへの

意気込みをみせたり、「警察がいるのなら悪人もいるな。オレが悪人になろう！」「最終日に運動会かサッカー大会をやりたい！」といった発言もあった。また、自分が部活動で所属する放送部に「ミニさくら」の放送局を担おうと働きかけ、顧問の先生を説得し、部長を連れてきた子もいた。

　「ミニさくら」という名称から市役所の仕事、時給、税金のこと、市が企画するイベントやステージのこと、ほかにどんな仕事がほしいか、どうすればたくさんの中高生の参加が得られるかについてなど、「ミニさくら」をよりおもしろくするために活発に意見を出し合った。「ミニさくら」がその名のとおり「子どもがつくるまち」として成功したのは、彼らの積極的な参画があってこそである。

　しかし大人からみると、会議が順調に進んでいるとは思えないことも多かった。話が脱線してばかりだったり、アイディアばかりで結論が出ない、といった調子の会議の進行に、時間的にも精神的にも余裕のなかった筆者が不安と焦りを感じ、話し合いを必死に引っ張ってしまう場面が多々あった。「大人時間」と「子ども時間」のギャップを感じ、また、正直なところ、一度は目を見張った彼らの"主体性"を疑ってしまうこともあった。

　しかし振り返ってみると、筆者は細かいことにとらわれて議題を提示していたのに対し、彼らは当日のまち全体の動きと自分たちの動きをイメージし、なにについて話し合っておくべきかをより明確につかんでいたことがうかがえる。特に「ミニさくら」当日を目前に控えた最後の会議では、オープニングやフィナーレのほか、市議会が企画するイベントについてしきりに意見を出し合い、「当日まちを動かすのは、市民でありスタッフでもある我々10代スタッフだ!!」という意気込みにあふれていたことに気づく。このような経過を経て当日、要所要所で自ら進んでマイクをもち、まちを仕切った彼らの活躍は見事だった。4日間"まちを仕切る"という点において、我々大人には一切出る幕がなかったのだ。事前の意気込みに気づいていなかった筆者は、この活躍ぶりに半ばあっけにとられた。

　ブースを準備するのは主に大人でも、「ミニさくら」をどのようなまちにするのかを決めるのは子ども、という役割分担はその後も続いている。「ミニさくら2005」へ向けても、小学校4年生から中学生までの20人ほどが子ど

子どもスタッフのメンバー 　　　カフェ 　　　　　　　新聞社

もスタッフとして集まり、前年5月から「どんなまちをつくろう会議」で話し合いを重ねてきた。夏休みには現実の佐倉の街の探検もおこなった。最後の会議では、今回初めて設けられた「大人の学校」の校訓を考えだした。

「ミ：見守ること、ニ：忍耐すること、さ：指図しないこと、く：口出ししないこと、ら：らくえん天国‼」

この、「ミニさくら」にかかわる大人が守るべき姿勢が明快に盛り込まれた「ミ・ニ・さ・く・ら」は、開催

市役所からのお知らせ

当日の7日間、毎朝のスタッフミーティングで唱和された。決してたやすいことではないが、大人はこの「ミ・ニ・さ・く・ら」を肝に銘じたい。

(4)　"ミニさくら市民"の活躍

　準備にかかわった子どもだけでなく、当日参加の子どもたちも主役になって活躍できる点は「ミニさくら」の大きな特徴の一つだ。参加した子どもたち皆が「ミニさくら」をつくりあげる。それぞれのブースで子どもたちは、ただ大人の指示にしたがい予定された仕事をこなすのではなく、自分たちでブースを切り盛りした。子どもたち同士で仕事を教え合い、試行錯誤し、新しい仕事も生みだしていく。市議会や市役所で選挙やイベントを開催し、まち全体を引っ張る子どもたちも出てくる。「ブースを、まちを、もっとよく、おもしろくしよう」という思いがあふれている。

　そしてまた、子どもたちの自発的な仕事——例えば新聞社の「アイアイモール（注：会場の商店街の愛称）のいいところ、佐倉のいいところ」というインタビュー記事や、清掃局の子どもがつくった「ダイオキシンを減らそう‼」という啓蒙ポスターや、市長に立候補した子どもの選挙公約など——に、彼らの自分たちの住む現実の"地域"や"環境"に対する関心の高さが

●第5章　まちをつくる、まちをあそぶ●　99

うかがえる。

　主役になった子どもたち一人一人の夢やアイディアが形になり、「ミニさくら」というまちは日一日と育っていく。それは参加した子どもたちがやりたいことをやりたいようにやりながら、主体性と想像力を発揮し、自分たちの夢や希望やアイディアを実現させていった過程であり、同時に子どもたちの「ミニさくら」というまちづくりへの参画の過程であったといえる。

　9歳の子がアンケートにこう書いた。「子どもだけでまちがつくれるか不安だったけど無事につくれてよかったです」。この子がまさに「自分たちのまちをつくった」と実感していることがうかがえる。

　では、なぜ「ミニさくら」で子どもたちはこのように生き生きと活躍したのだろうか。参加した子どものアンケート結果をみると、なにが一番楽しかったかという質問に、多くの子どもたちが「働いたこと」「仕事」と答えている。自ら働いて自由に使える給料を稼ぐことは、子どもたちにとって大きな喜びだった。

　さらに、「仕事」とは「まち」の中でなんらかの役割を担う行為だ。手作り工房でつくられた作品は商品としてギフトショップに並び、市民の手に渡っていく。新聞社は「まち」のさまざまなことを取材し、市民に伝えるマスメディアの役割をもっている。参加した子どもたちはそれぞれの役割を果たすことで「仕事」をとおして自分と「まち」＝社会とのつながりを実感することができ、やりがいをもって生き生きと活躍したのではないだろうか。

　もう一つ子どもたちにとって大きな喜びとなったのは、創作の喜びであろう。「ミニさくら」ではやりたいことを好きなだけできるシステムだったので、一つのブースに一日中いて製作に打ち込む子どもも多くみられた。のびのびと創造性を発揮し、それが形になっていくおもしろさや苦心して作品を完成させた喜びとともに、「私にもできた！」という自己肯定感も育まれたと考える。美しい折染めを心ゆくまで楽しんだ子どもは、その喜びをアンケートへ「おりぞめ様、ありがとうございました‼」と感謝の言葉で表した。スタッフからも「子どもたちは（大人が）思った以上に作品を自分で完成させたがっていることがわかった」という声が多く寄せられた。このように子どもたちは自分の創造性を発揮し、納得のゆくまで作業に打ち込むことを望

んでいることがわかる。

　また、自分のやりたいことに思う存分打ち込み、出会ったばかりの異年齢の仲間とともにブースを切り盛りして、自分で自由に使えるお金を稼いだ子どもたちには、一人前の市民としての自信と誇りや、優しさもみられた。子どもたちがつくった作品を手に入れたい、と願った大人スタッフ（筆者を含む）が「おこづかいちょうだい！」と書いた紙を背中に貼って歩いたところ、思いのほか多くの子どもたち──5、6歳の子までも──が「これ、あげる」と声をかけてくれた。普段街中で、子どもが見知らぬ大人に声をかけることはあまりない。「ミニさくら」の中では子どもたちの「稼ぎのある一人前の市民だ」という誇りが、このような行動を容易にさせたと考えては飛躍しすぎだろうか。

　しかし、「ミニさくら」は社会の仕組みの学習や職業体験が目的ではない。楽しいから参加する「遊びのまち」であることをなによりも大切にしたいと考えている。だから現実の社会とは異なる制度や仕組みがあっても構わない。遊びであるからこそ保障される「おもしろさを追求したい」という最強の動機や、自分の意思で行動するからこそ失敗も成功もすべて自分のものになる状況などが子どもたちに目を見張るほどの主体性を発揮させるのではないだろうか。生き生きと発揮される主体性は、働くブースや「自分たちのまち」をよくしようとすることに向かい、「市民」としての自覚と誇りを促している。

(5)　大人の工夫、大人の変化そして地域の中で

　第1回目の「ミニさくら」開催時、新聞社では1日目終了後にスタッフが子どもの主体性を尊重するにはどうしたらよいか相談し、2日目からは社長と副社長の求人を一般社員とは別に職安に出し、人事と運営を任せた。するとスタッフが子どもに指示を出す必要がなくなり、記者よりも社長職が向いている子、インタビューが得意な子というように、さまざまな子どもの才能が発揮された。子どもの活動をサポートする大人にとって、このような工夫や働きかけなど、時には子どもの主体性が促されるような状況づくりも重要である。

　4日間にわたる子どもたちの活躍は、スタッフとなった大人の側にも多く

の気づきと変化をもたらした。スタッフアンケートの回答にも「こんなにたくさんの子どもが意欲的に参加してくれたことに驚いた」「いかに大人の私が子どもの"やりたい気持ち"を抑え、"考える力"を見くびっていたかよくわかった。なんでもできるんだと感じた」といった記述が目立つ。

　毎回大人気の＜手打ちうどん＞のブースを担当する男性料理サークルの方々の変化は顕著だった。1回目の「ミニさくら」開催前の会議では、自分たちのこだわりのうどんが子どもなどにつくれるのかと不安を表し、開催初日には見事なまでの連係プレイで率先してうどんづくりを進めていた。しかし4日目には子どもたちの作業を見守るようになっており、できあがったうどんを「どうだ、うまいだろ。太いのも細いのもあるけれど、これがいいんだよ。なんせ子どもたちがつくったんだからうまいにきまってるんだよ！」と子どもたちに対する愛情と信頼を表しつつ筆者にも味見させてくださった。こだわりのうどんづくりを子どもたちに伝授しようと奮闘する中で子どもたちの主体性に触れ、「子どもにうどんづくりは無理だろう」といった子ども観を変えていったのだろう。一緒に作業する中で子どもたちが発揮した主体性が大人を変えるきっかけとなった。

　「ミニさくら」の開催は、商店街、自治会、行政、NPO団体、その他地域のたくさんの方々のご協力なしには成り立たない。「数日間借りられる施設がない」という状況から思い立った「商店街での開催」だが、車が通らずアーケード付きという絶好の条件の商店街にご協力いただけて、閉鎖的な場所で開催するよりもずっと多くの利点を感じている。なにより子どもたちにとって「まちづくり」をリアルに感じられる。商店街は「まちの顔」であり、人々の交流の場であり、生活の場であり、子どもたちにとっても興味深くワクワクするところ、そして働く大人の姿に触れられるところではないか。

　ご多分にもれず今は空き店舗の目立つ商店街ではあるが、「商店街」を舞台にした子どもたちの「まちづくり」の体験を地域の人々と共有できることを

求人をくれたおせんべいやさん

ありがたく思う。それは「ミニさくら」の究極の目的である、子どもが生き生きと活躍でき、子どもの居場所となる地域社会の実現への一歩でもある。

今回の「ミニさくら」には、会場の商店街のお店の方も数名、サポーターとしてブースを開いたり、お店の仕事を「ミニさくら」の職安に出したり、お店の宣伝を「ミニさくら」のチンドンやさんに依頼するなど、子どもたちと深くかかわってくださった。子どもたちとお店の方、地域の方との交流が、日常につながればうれしい。

(6)　「ミニさくら」のこれから

　これまで3回開催したが、毎回新たな発見があり、また、課題も残される。一番の課題はサポーターの確保だ。準備からかかわっていただき、「ミニさくら」の主旨や仕組みをきちんとお伝えするのは、なかなか困難だ。また、「ミニさくら」当日に子どもを連れてこられた保護者の方への対応も頭の痛い問題である。子どもに張りついたままはなれず、口うるさく指図してしまう親御さんが少なくない。

　子どもスタッフの活動の進め方も暗中模索である。まちの仕組みの大枠ができあがってしまった今、スタッフになった子どもたちがおもしろさを追求しながらやりがいをもって取り組める活動とはどのようなものか、また、中高生にとっても居場所となりうる、魅力ある「ミニさくら」にするには、どうすればよいか。2005年秋現在、会場となった商店街を拠点とし、月に2回子どもたちと定期的な活動をおこないつつ、子どもとともに話し合いを進め、方法を探っている。近い将来、子どもスタッフとともに「ミニミュンヘン」に参加し、「子どものまち」同士の交流を始めたい、という夢もある。「ミニさくら」のまちを引っ張る子どもスタッフの層が、高校生から小学生まで、世代交代しながら引き継がれていくようになれば、よりいっそう子どもの主体性が発揮される「ミニさくら」が実現できると考えている。

　数年前、10代の子どもたちの「プチ家出」を取材したテレビ番組で、一日中都会の路上に座っていた一人の少女が「死にたいほど毎日がつまらない」と訴えた言葉が、今でも耳に残っている。家庭と学校、塾などの限定された人間関係の中で、のびのびと自由に遊ぶ時間や仲間もなく、学習成績という一つの物差しでしか評価されず、活躍の場もなく、生活体験も乏しく、自分

のよさや好きなことをみつけることもできない子どもたちの状況に憤りをおぼえる。子どもたちの生活が、あまりにも受身一方ではないか。そのような生活の中で、将来に夢や希望をもって主体性に生きること、まわりの人々とのかかわりの中で実感をもって生きることが難しくなっていると感じる。

　子どもが主役の遊びのまち、「子どものまち」を全国に広げたい。「水を得た魚」となって生き生きと主体性を発揮する子どもたちの活躍は、大勢の大人に「気づき」と変化をもたらすだろう。そのことが、子どもが生き生きと主体的に生きられ、子どもも一市民＝まちづくりのパートナーとして認められ、活躍の場や居場所がたくさんある地域社会の実現へとつながることを願っている。

2．美術館からまちへ：佐倉市立美術館「体感する美術」

(1) 「体感する美術」について

　「体感する美術」は、佐倉市立美術館が1995年から2004年まで、毎年夏におこなってきた教育普及事業である。子どもから一般までの参加者を募集しておこなうワークショップや、展覧会、研究会などを通じ、美術や美術館とまちやひととのつながりを考えていこうというシリーズであった。必然的にこの事業は、美術館からまちに出て、展示やワークショップを展開する方向に向かっていった。そうした毎年の企画を重ねる中で、その一つの答えを「アートは日常に新たな視点をもたらす」というテーマの中に探ってきた。

　また、美術館以外のいろいろな方々に企画・運営に主体的にかかわっていただく形をとってきたことも特徴である。1998年にはボランティアで企画・運営をおこなう市民の集まりIFS（Interart Forum Sakura、Interartはinteract［相互に影響・作用する］とartの合成語）が発足し、2002年まで事業を実施した。市民メンバーとアーティスト、美術館、その他企画に応じてかかわりをもつ人々が、自由な雰囲気の中で、それぞれのやりたいことの接点を探り、新たな関係をつくりあげていくことを進め方の基本方針とし、この実施にいたる過程自体も美術館の重要な普及活動と位置づけていた。

　2003年からは、こうした考え方を継続しながら、美術館に来て活動していただける市民メンバーだけでなく、別の方向性を求めて、学校の先生方や地

域の商店街と連携した事業をおこなった。しかし、ターゲットをしぼって事業をおこなうようになると、また近年の環境の変化により、夏、子どもたちを含む参加者とまちに出て事業をおこなうという形には限界が出てきた。そこで2004年、10回を終えたところで、「体感する美術」は「夏休み子ども向け事業」と「アートプロジェクト事業」とに発展解消する形をとった。

a．「美術や美術館とまちや人とのかかわりを考える」

　1995年、美術館が開館して最初に迎えた夏休みに、子ども向けの企画として、「体感する美術」は始まった。「みる」だけの美術では子どもにはわかりづらいと思われたので、五感を通じた遊びの体験によって現代の美術に直接触れてもらおう、という意図であった。しかしそこでみたものは、子どもと一緒に、あるいは子どもより夢中になっている、普段美術館ではみかけない大人の姿であった。

　美術の愛好家でもない限り、大人にとっても美術館は入りづらく、美術は遠いものと思われている。そんな中、市民の税金でつくられた地方の公立の美術館はなにをしていけばよいのか。「子ども」というキーワードは「誰でも」に置き換えられ、「体感する美術」は「美術や美術館とまちや人とのかかわりを考える」というテーマに向かっていくことになった。

b．私たちにとって、美術とはなにか

　1996年、2回目の「体感する美術」は、「美術や美術館とまちや人とのかかわり」を考えるためにもちあがってくる「私たちにとって、美術とはなにか」という究極の問いを、アーティストに答えてもらおう、というかなり乱暴な企画であった。

　一般に美術は「なくても困らないが、あったほうがよいもの」といった認識でとらえられているのではないだろうか。これに対して「生きていくのに必要な究極のもの」＝「サバイバル・ツール」というキーワードをぶつけ、「アートはサバイバル・ツールになりえるか」という問いを発してみたのである。100人のアーティストにこの問いを投げかけ、57人が作品とコメントで答えてくれた。

　「サバイバル」「生きること」は「非常事態」から「日々を生きていくこと」まで多様にとらえられ、その中での「美術」「アート」が語られた。こ

のとき、特に若い世代のアーティストにみられたのが「アートは日常に新たな視点をもたらすことによって、人々が生きていくことに影響を与えていく」という考え方であった。現代のアーティストは、神話の世界を描き出すわけでも、写真のように描くテクニックを追求しているわけでもない。私たちと同じ時代を呼吸する中で、問題意識をもち、それを表現しようとしているのである。

c．アートが「日常にもたらす新たな視点」とはなにか

もちろん「日常に新たな視点をもたらす」ものは、アートだけではない。日々の生活の中での小さな出来事や、人との出会いによっても、私たちは新たな視点を獲得しているだろう。それを意図的におこなうことが教育であるかもしれない。この世界を、法則として一般化し、体系化しようとしていくものが学問であり、それを正確に伝えることが教育であるならば、アートはまったく個人的なアーティストの視点からみつめることによって、この世界を鋭く描きだし、別の人間のやはりまったく個人的な部分に触れることによって普遍化されていくものなのではないか。さらにこの普遍化が起こらず、別のものに変容していくことも許されているだろう。

こうしてアートは、体系化からこぼれ落ちていくもの、学問ではとらえきれない「例外」や「突然変異」にも切り込んでいくことができる。実際、まちには「例外」や「突然変異」がうずまき、生まれたての子どもの頭にもコンピューターでは解明できない複雑な回路が埋め込まれていることを考えれば、アートは私たちにとって必要なものといえるのではないだろうか。まちや人にアートがもたらす新たな視点とはこうした種類のものだと考えている。

(2) なぜ美術館がまちに出るのか

こうしたアートの視点をどうすれば伝えていくことができるのか。これもかなり乱暴かもしれないが、まずはそれをもって直接まちへ、人々の中へ出ていこうと考えた。

1997年の「SAKURA　ひストリートファイター」は「体感する美術」にかかわった市民メンバーの中で、「伝説」となっているワークショップである。担当者にとっても同様で、先に書いた「体感する美術」の特徴は、この

ワークショップによってつくられたといってもよい。また千葉大学・長田謙一教授を企画協力に迎えたのもこの年からであり、氏によって、すでにやっていたこと、ここで起こったことが意識化されたといえるだろう。

「SAKURA ひストリートファイター」は、アーティスト・宮前正樹氏

SAKURA ひストリートファイター

と市民スタッフが美術館周辺のまちをフィールドワークすることから始まった。このとき、宮前氏がいった印象的なことばが「人がつくったものにはすべて理由がある」。普段なにげなくみていたまちの風景、「もの」の見え方が変わる一瞬だったのではないかと思う。この視点を共有しながらまちを歩いたスタッフが、その体験を映像を使ったゲームとして参加者に伝えるというのが、このワークショップの概要である。

アーティストの視点をもってまちに出れば、私たちはそこに新たな視点をもつことができる。美術館に足を運ばない人々も、日常の中でそれに出会ってしまう。美術館に来て体験してもらうことだけが、美術館の活動ではない。美術館がまちや人々の中でなにができるか、「かかわりを考える」とはそういうことなのではないだろうか。

そもそも多くの美術館がその設置目的などに掲げる「精神的な豊かさ」とは、日常から隔離された美術館で目を愉しませたり、非現実の世界に遊ぶことではなく、そこで出会ったアーティストの視点、また自分と作品の間に起こった「おもしろい」体験を、日常にもって帰ることなのではないだろうか。少なくとも日常に新しい視点が増えることは、まちがいなく精神的に豊かになることだろう。

1990年代は、美術の傾向としても、美術館におさまりきらずにまちに出るアーティストが現われ、屋外やまちでアートイベントやアートプロジェクトがおこなわれるようになった時期であった。その背景には現代美術の行き着いた閉塞感を打開するという事情もあったと思われる。宮前氏も、もはや「つくる」ことも、「もの」で表現することも放棄して、「ワークショップ」

を表現方法と考えていたアーティストであった。
a．なぜ（アートで）「ワークショップ」か
　先に述べたようにアートは、学問——教育とは別の性格をもつものであり、これまで、美術館はアーティストのつくりあげた作品——展示という形でこれを提示してきた。しかし、これに限界を感じた宮前氏のようなアーティストはどのような表現に行き着いたのだろうか。
　作品をつくるまでにアーティストの中で起こったこと、そしてできあがった作品をみた人々の中で起こること、それがアートの中身だと、宮前氏はいう。それを起こすことができれば、ものをつくって提示するという方法をとらなくてもアートは成立する。「作品」に代わって、それを起こすために選ばれたのが「ワークショップ」という方法であった。
　「ワークショップ」ということばはさまざまな場面で使われているが、「体感する美術」の中で採用してきた定義は、「参加者が対等な立場でお互いを刺激しあっておこなわれる創造的な活動」というものである。「ワークショップ」の中で、なにかを教える講師としてではなく、参加者のアクションを促すファシリテーターとして宮前氏はある視点を提示する。それを受け取ったそれぞれの参加者が自分なりの考えをぶつけ合い、ワークショップは進行する。まさに「作品」という装置を媒介としておこなわれていたことが、「ワークショップ」という枠組みの中でおこなわれるのである。
b．ワークショップで企画をつくる
　「SAKURA　ひストリートファイター」のもう一つの重要な点は、企画をつくる段階から市民メンバーを募っておこなう、というやり方だった。この「企画をつくる」ということ自体が、非常に内容の濃いワークショップといえた。また、ワークショップでは、どうしても当日スタッフ（参加者5人に1人程度を基本としている）が必要となるが、そのスタッフが企画のコンセプトを共有していることは重要であり、そのためにもスタッフ自らが企画づくりに主体的に参加するというやり方は、最も有効な方法だったのだ。たとえどんなに一人のアーティストが企画を考えても、実際参加者と接するのはグループについたスタッフであり、そのやりとりの中でこそ、ワークショップが立ち現れてくるからだ。

⑶ 「体感する美術」自体をつくる

　この1997年を体験した後は、「体感する美術」全体をこうしたやり方でやっていきたいと考えた。

　準備期間としての要素をもった1998年の企画を経て、先に述べた「IFS」が発足した。IFSでは、最初に美術館が決めておくことは、予算と会期（展示室を使う期間）、子ども向けのプログラムを含む、という条件と、「まちや人と美術や美術館のかかわりを考える」という大きなテーマだけである。これを踏まえて、メンバーが自分のやりたいことをできる限り企画書フォーマットに書き込んで持ち寄り、ブレインストーミングをしながら、その年のテーマを決定する。そこでもう一度、テーマに沿ったプログラムやアーティストを研究し、提案し、それぞれの企画の内容・スケジュール等を検討していった。アーティストとの交渉やミーティング、その他必要な機関とのコンタクトもできる限りメンバーとともにおこなったが、その結果を整理して、予定を連絡するための「IFSレター」は担当が発行し、情報を共有していった。

　プログラムをつくりこみ、道具・材料の準備をする段階になると、最後に大切なのは、当日の参加者と決めることをどこまで残せるかということではないだろうか。ワークショップという場をつくるため、できる限りの準備はするが、それが本当に「ワークショップになるかどうか」は、当日、参加者との間にどんな関係をつくることができるかにかかっているのではないだろうか。

a．「GoGoさくらランド」

　こうして1999年、IFSの企画によりおこなわれた「体感する美術」の中で、この章のテーマである「まちをつくる、まちをあそぶ」をまさに実践したのが「GoGoさくらランド」であった。

　3日間のプログラムの1日目、午前中は、五つのグループに分かれて美術館周辺のまちに出て、「担当地区」のフィールドワークをおこなった。午後はその結果をそれぞれの「ダンボール

「GoGoさくらランド」

地図」に書き込みながら、なにを残し、どうまちをつくり変えるか「都市計画」を進めた。

　2日目、集合場所は市役所の大会議室。ブルーシートを敷き詰めた上にビニールテープで前日歩いたまちの大きな通りや線路だけが貼ってある。ここが子どもたちのまち「GoGoさくらランド」の舞台。ビールケースやダンボールを使って、自分たちが入れるくらいのまちをつくっていった。お店やマンション、電話局や神社、市役所と美術館も残されたようだ。もちろん動物園やお化け屋敷、ジェットコースターなど子どもたちの考えだしたものもまちに出現した。建物ができあがると内装や小物づくりにも力が入る。

　3日目はつくったまちで遊ぶ日。他のグループの地区に遊びに行くようになると、まちにはまた変化が起こっていった。電車が各地区を通り、切符がつくられると、それを買うお金が出回り始めた。イベントがおこなわれ、それを宣伝するチラシがまかれる。壊れた建物はみんなで直し、警備員も活躍した。

　このプログラムは、実は前節で中村桃子氏が述べているのと同じ「ミニミュンヘン」に着想を得て、そこに「体感する美術」のテーマを重ね合わせていったものである。「自分がまちをつくるとしたら」という視点をもったとき、子どもたちはまちの中になにをみるのか、実際のまちとの微妙な関係に重点を置いた、別の展開となったのである。

b．ミュージアム自体を日常に引き戻したら

　その後も「体感する美術」はIFSによる企画を続け、2001年には、「ミュージアム」というもの自体をテーマにとり上げた。実はこのときIFSが抱えていた課題から進んでいった方向であったが、あとから考えれば「美術や美術館とまちや人とのかかわりを考える」というテーマの中で、「美術館」というところに力点を置いた特別な年になっていたのかもしれない。

　ミュージアムのやっていることをいちばんわかりやすいことばで置き換えたら、どうなるだろう。このときはミュージアムを「（ある基準のもとに）あつめる・わける・ならべる」という作業をしているところだと定義した。実は「ある基準によってものをあつめて、わけて、ならべる」という行為は、私たちが日常誰でもおこなっている行為である。そうでなければ、冷蔵庫に

靴下が入っていたり、洋服ダンスに食べものがならんでいたりということになってしまうはずだ。

　この世界の森羅万象は、ほんとうは、ただ私たちの目の前にあるだけだ。学校や家庭での教育、私たちが生きてきた中で学び取ってきたことは、目の前にあるものを、すでにつくられてきた「ある基準」と結びつけて自分の中にとり入れていく過程だったのではないだろうか。ミュージアムはその「ある基準」をつくりだしている場の一つであろう。

ｃ．再び、なぜ（美術館で）「ワークショップ」か

　しかし、同時にミュージアムは、それを再び「ある基準」以前の場に引き戻す装置でもある。いかに館側が「ある基準」により、提示したとしても、実際に「もの」があり、直接みることのできるミュージアム、そして展示という方法は、展示する側の意図を超えて、みる人が直接「もの」と対話できる場である。とくにホワイトキューブの中で、ものにまつわる関係を引きはがし、「みるもの」として提示する美術館は、こうした場を保障している。

　するとこの性格が、再び「ワークショップ」の場に似ていることに気づく。さまざまな背景、権力関係や利害関係をもつかもしれない参加者が、それを引きはがされ、ひとつの視点に対してフラットな立場で向き合う場をつくりだすこと。そこでこそお互いに刺激しあって創造的な活動をおこなうことができる。美術館という装置をまちや人々の中で再現できる枠組みが、「ワークショップ」なのではないか、というのは飛躍が過ぎるだろうか。

ｄ．「体感する美術」で得たもの

　最初に書いたように「体感する美術」はその後、市民スタッフによる企画から別の連携へ向かい、さらに発展解消という形をとった。それはここまで書いてきたような考え方を教育普及事業の一企画だけでなく、教育普及事業全体へ、そしていずれは美術館全体へ活かしていくためのことであると考えている。

(4)　おわりに

　美術館教育は、人々にとって「美術とはなにか」「美術館とはなにか」を考え続けていく仕事だと思う。それは同時に、仕事として、美術館で働いている自分にとってではなく、自分が生きることにとって、「美術とはなにか」

「美術館とはなにか」を問い続けることである。

　自分はなぜ美術が好きなのだろう、美術のどこがおもしろいのだろう、それを伝えるのが自分にとっての美術館教育なのではないか、という原点に戻ったとき、まず自分の目で作品をみて、それをきっかけに、感覚を総動員して、考えたり想像したりすることが「おもしろい」、そしてわからなければわからないほど興味を惹かれる、ということに気づいた。もちろん、これは自分の内部あるいは自分と作品との間で起こることであり、この「おもしろさ」を他者に伝えることは難しい。

　これまで述べてきたような美術や美術館についての考え方は、こんなところから出発し、まちや人々の中で実践を繰り返すことによって得てきたものだと思う。

　その時々で、まちがっているかもしれなくても、自分の体験に基づいて答えを出さなければ、それを伝えていくことはできない。もちろん美術が時代によってその様相を変えていくように、答えは変わっていくだろう。だからこそ「考え続ける」ことが必要なのだと思う。

体感する美術（全10回）

体感する美術 '95	アートと遊ぼう、夏休み！
体感する美術 '96	アーティストと考えるサバイバル・ツール
体感する美術 '97	まちへ出よう──風と精霊と人の声
体感する美術 '98	まちとアートのコミュニケーション
体感する美術 '99	ミエナイ・サクラヲ・ミル
体感する美術2000	佐倉観光案内
体感する美術2001	あつめる・わける・ならべる──ミュージアムのたねあかし
体感する美術2002	耳をひらいて
体感する美術2003	ずこうのじかん・美術の時間
体感する美術2004	POWER OF PLACE──美術館のあるまち──

＊佐倉市立美術館が各年のドキュメントを発行していますので、ご参照ください。
　お問い合わせは下記へお願いします。

佐倉市立美術館
〒285-0023　千葉県佐倉市新町210
TEL：043-485-7851
muse@city.sakura.lg.jp

II. アドバイス編

第6章

ワークシート デザイン

木下 周一

1. ワークシートの事例をみる

　ミュージアムでのワークシート（ワークブックを含む）とは、その呼びかけや設問によって展示資料に利用者をひきつけ、観察の仕方のヒントを与えることにより、資料からのメッセージを発見するよろこびや理解を導くものである。利用者は設問の答えを記入したり、指定または自分で選んだ資料をスケッチしたり、感想を書く。設問をきっかけに、利用者は資料と自身の関係性を探り、自分なりの意味や価値を見いだし、展示資料の深い理解に進んでいく。利用者の自主性・能動性が重視されている。

　また、利用者における"ミュージアムでの学び"のリテラシー向上のための学習・訓練ツールでもあり、ミュージアムには極めて重要な利用者教育のツールであるといえる。年齢別、学習段階別に、ワークシートの内容を計画し編集できるので、展示では実現できなかったきめ細かな利用者対応ができる。設問の切り口を変えたり、多角的な利用によって、常設展示に新鮮みを与えることができる。

　ワークシートは、文字や写真、キャラクター・イラストレーション、館内や展示の見取り図などをまじえてデザインされる。内部制作されるケースも多いが、内容が第一でデザインは二の次、ツールがあればよいという時代ではない。見やすい、読みやすい、解りやすい、そして美しさ、楽しさが感じられて、ミュージアムでの学びの意欲につながるものでなくてはならない。

　収集したワークシートはいずれも個性的である。数例の紹介だけでワークシートを代表することは不可能だが、まず、事例をみてみよう。

■事例1　兵庫県立人と自然の博物館

　「コーナー別はてなシート」はA4サイズ。9コーナー分あり、「一言感想」欄が最後にある。「植物探検シート」はA3サイズ2ッ折り。設問・回答方式など一般的な形式だが、この館として学んでほしい内容に焦点が当てられ、各コーナーの展示を象徴するデザインのスタンプがワークシート学習にうまくとり入れられている。昆虫バージョンもある。その他、「ほんとうのわたしはどれでしょう」は、5コーナーの問題を解きながらスタンプを押して回るスタンプラリー形式で、正解すると「ひとはく博士」のスタンプが最後に押してもらえる。バリエーションが豊富で、いずれも"ひとはくサロン"で、事後指導がおこなわれる。小学校で学習する程度の漢字が使われているが、総ルビで利用者の幅を広くしている。モノクロ写真も鮮明。カラーペーパーに表裏スミ1色印刷。

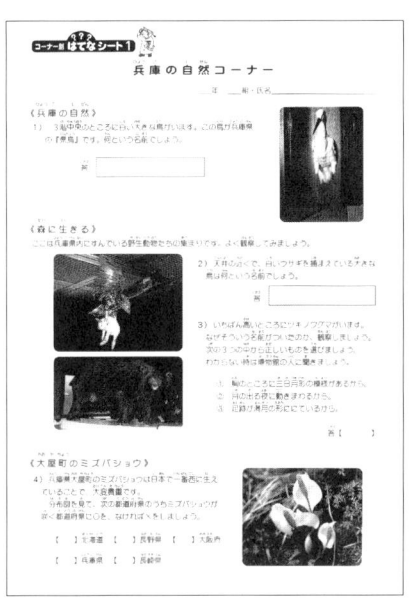

コーナー別はてなシート

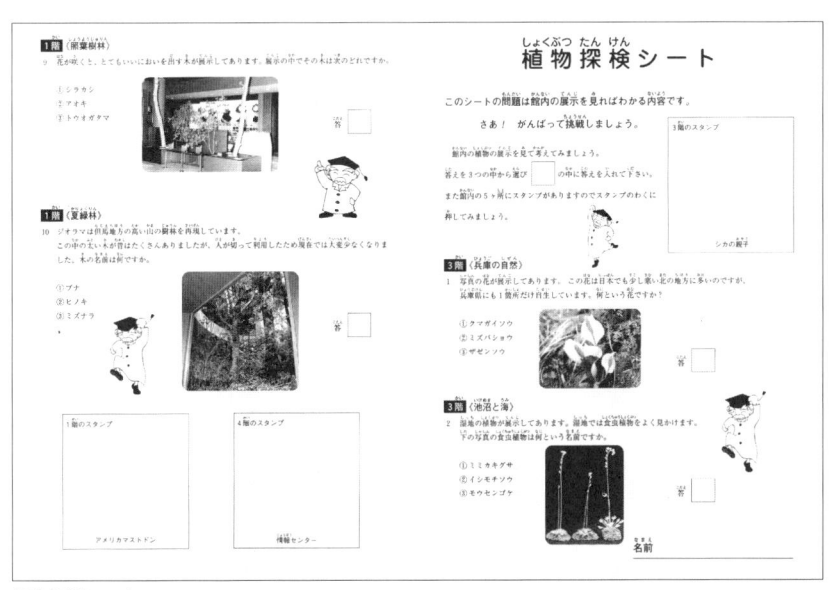

植物探検シート

●第6章　ワークシート デザイン●　115

■事例2　北九州市環境ミュージアム

　『市民のための環境学習・交流総合拠点施設』である環境ミュージアムの展示室で利用されているワークシート。小中学校の環境学習を積極的に受け入れるとともに、現在の環境問題解決のために、気づき、学び、判断し、行動していく環境リーダーの育成をサポートしている。

　希望によりワークシートにチャレンジした利用者には、インタープリターが最後のゴールのスタンプを押す時点で理解度をサポートする。幼児、小学1・2年生、小学3・4年生、小学5・6年生、中学生〜成人と利用対象別に5種類のワークシートが用意されている。A4サイズ、カラーペーパー5種にスミ1色印刷。

　タイトルやそのデザインの違い、設問の内容と回答の方法の傾向や設問数と回答スペースの違いなど、対象を考慮した工夫がみられる。また、ワークシートと展示とのリンクについては次のような工夫がなされている。幼児用では、太陽・月・星などのマークを展示につけて対応。小学3・4年生用からはシート内のマップと対応。小学1・2年生用では、マップにマークを入れた併用型になっている。そして、幼児用と小学1・2年生用には名前を書く欄がない。幼児用だけにはキャラクター「未来ホタル」が入っているが、他のものもゴールのスタンプが「未来ホタル」なので、それが押されて完了となる。館のロゴはすべてに表示されている。

　3種類のみの掲載になったが、一つの展示から、ワークシートによる利用者層に対応した展示の理解や問題意識を高めることに積極的な好例である。対象別の編集を参考にされたい。

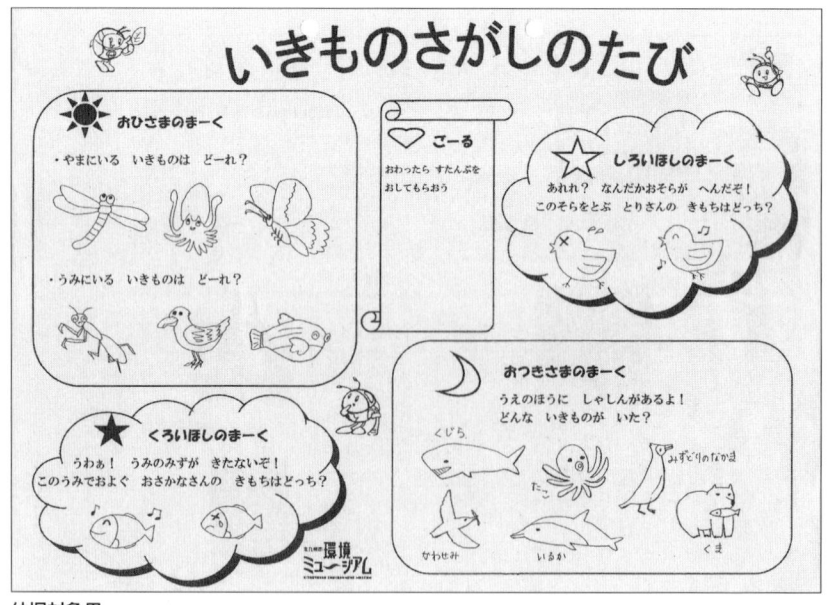

幼児対象用

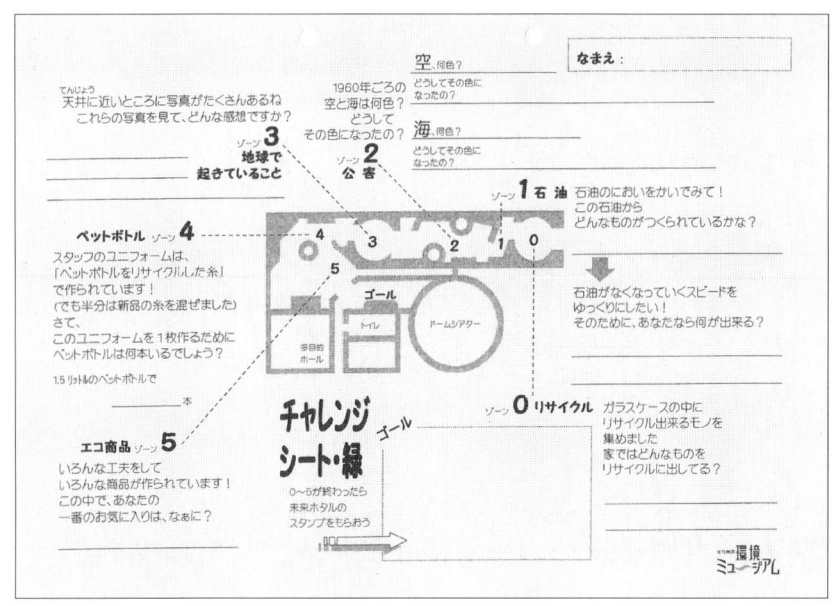

小学3・4年生対象用

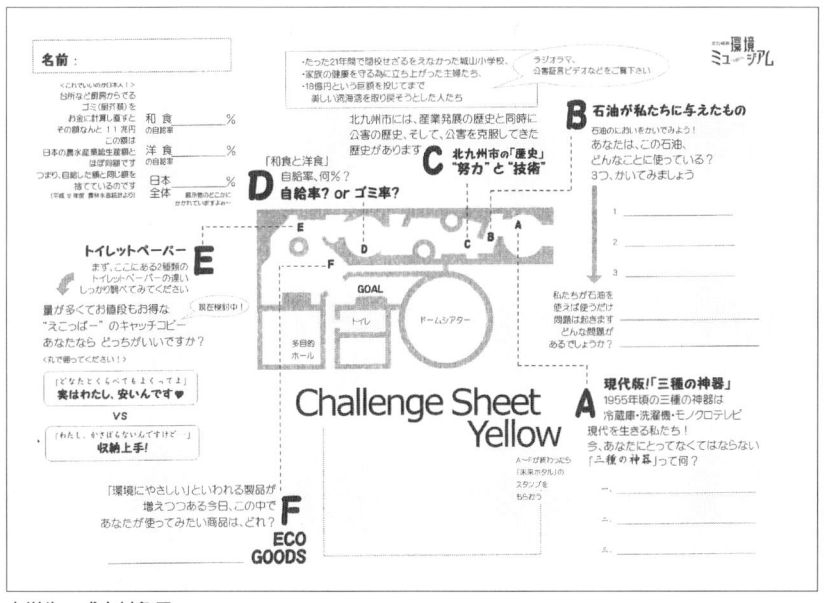

中学生〜成人対象用

■事例3　千葉県立中央博物館　生態園

「森の調査隊」ワークシート。土・日曜日、祝日、また夏休みなどは毎日開催される。年間を通してのプログラムがあるが、園の自然に合わせてきめ細かく入れ替えられている。1枚が終わったら、オリエンテーションハウスに戻って生態園パートナーに報告する。チャレンジしたシートが5枚になると、ペーパークラフトがプレゼントされるシステム。運用の所々に自らの学びを演出する工夫が凝らされている。基本的にオープンエンドの設問になっていて、生態園パートナーにより、利用者の発見のよろこびをわかちあうという趣旨のフォローがなされる。B5サイズ、片面スミ1色印刷。

自然を五感で体験する楽しいシート。「たのしい　もんだいをつくろう！」というシートにも注目。学校団体用には「生態園で授業をしてみませんか？」という冊子として編集されている。

■事例4　飯能市郷土館

　埋蔵文化財出土品展「掘り起こせ！　古代からのメッセージ」というシリーズで毎年開催される企画展用。形態は変わるがワークブック作成も恒例化。写真は『奈良に都があったころ』のためのワークブックである。B4サイズの紙に表裏コピーし、3枚を中折して12ページに。展示の理解がより深まる。

表紙

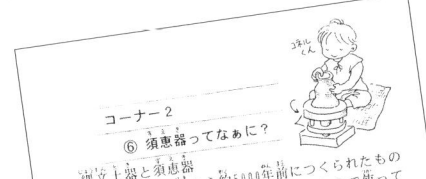

　スタッフ制作のイラストもやさしい。ある企画展では、表4が「研究員証」となっていて、利用者はそこに住所・氏名を書き込む。「この展示を見た人はだれでも『はんのう考古学研究所』の研究員になれます」と表記されていて、学びの証明が演出されていた。

●第6章　ワークシート デザイン●　119

2. ワークシート考

　展示資料には"展示の主題内容とねらい"があり、展示資料から学んで欲しい内容・メッセージがある。その資料を対象にワークシートを作成する場合、その"設問の目的・ねらい"は"展示の主題内容とねらい"にオーバーラップしている。

　一方、このワークシートの利用者については、その利用者像が明確化されなければならない。認知発達の段階、関連学習・予備知識の有無などである。なにより、利用者はミュージアムでなにをどのように学びたいのか、その資料に利用者は自身との関係性とどんな意味を見いだそうとしているのか。

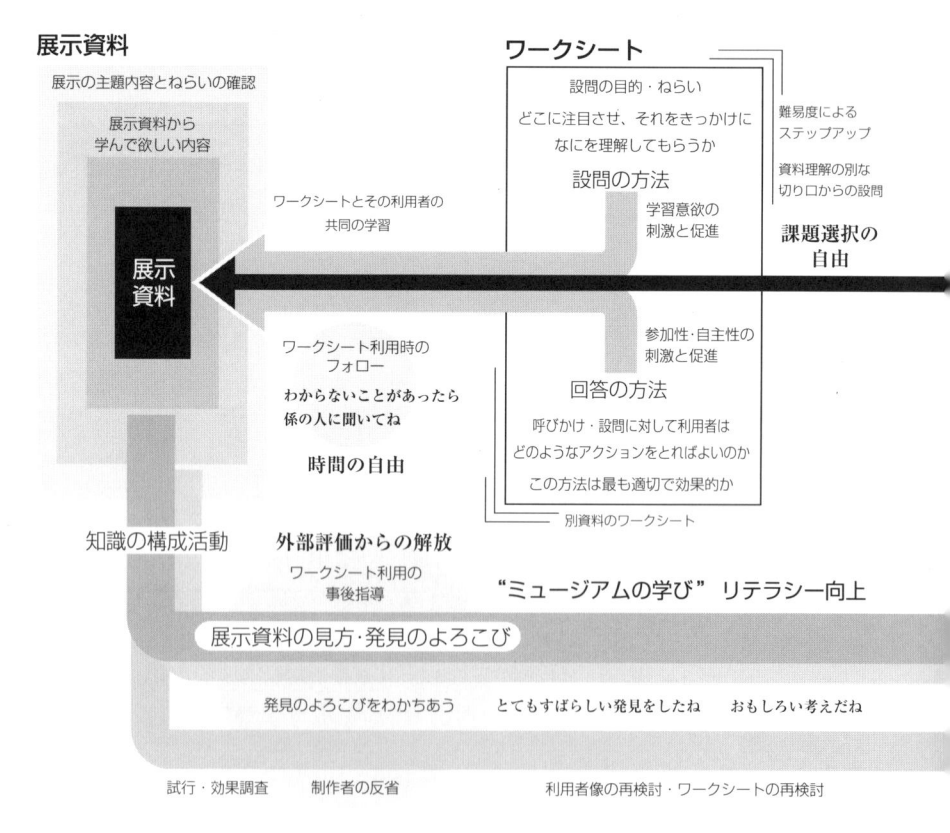

図6-1　ワークシートのデザイン・モデル

ワークシートの利用者が展示資料から気づきや感動を得て、そして利用者自身がなによりもそこに自分なりの意味や価値を能動的に見いだして、はじめてワークシート（計画・運用者）と利用者の共同の学習が成り立ち、利用者の知識の構成活動（波多野，稲垣，2005，p.14）がなされるといえる。

　一人では問題解決が無理でも、他者との共同によっては解くことのできる領域こそ発達しつつある領域とし、ヴィゴツキー（Lev S. Vygotsky）は"発達の最近接領域"（Vygotsky, 1962, p.89）と提唱した。一人では見逃していた展示資料についての新たな発見は、ワークシートによる利用者の"発達の最近接領域"の発見となるのである。資料のメッセージが利用者に正確に届くことを助けるのがワークシートの使命である。利用者像の把握と、それに適合したワークシート内容、設問と回答の方法、紙面のデザインがより求められることになる。利用者の"最近接領域"にフィットしなければならないからである。

　そして、同じ資料でも別な切り口からのものや、難易度が高くなるワークシート、また、豊富に用意された別な展示資料のワークシートを繰り返し経験することにより、学習効果として単なる資料の理解だけでなく、資料の見方とそのおもしろさを知り、利用者は"ミュージアムの学び"のリテラシーを向上させることになる。このことは生涯学習機関としてミュージアムがあろうとするときに、利用者だけではなくミュージアムの財産にもなる。さらに、学習の転移が生じ、"より自主的、創造的探求へ"向かっていけることを期待したい。

利用者
能動的で有能な学び手
ワークシート利用者像の明確化

自主的、創造的探究へ
転移能力開発

資料にどんな関係性と価値を見いだしうるのか
知識・経験・技能

"発達の最近接領域"
拡大とその継続

発達の最近接領域の発見

ワークシート利用の事前指導
やくそく

系統的・発展的な継続サイクル

感想・気づきを理解へ、
外化と統合により概念レベルへ

3．ワークシートの開発

　ワークシートを開発する場合、その目的と方針を関係者できちんと討議をしてコンセンサスを確立する。ミュージアムでの学び、常設展示の教育ツールとしての導入に重点を置くのか、例えば学校教育の「補完的機能」が期待されるワークシート（並木，2002，p.14）を制作するのか、双方の連携点を目指すのか。企画展やワークショップ用であれば、それらの先行する企画の目的達成にいかにワークシートを機能させるかが問われる。そして、展示資料から学んで欲しい内容を、認知発達段階を考慮して設問・回答方法に置き換える。

　また、学習指導要領からも、対象年齢の児童がどんな学習レベルにあるかを読み取ることもできる。対象年齢用の図書や教科書などの表現も参考になる。このワークシートをつくりあげる部分が難しくもあり、ワークシート制作の醍醐味でもある。まず、試行版を作成する。

企画	
□ ワークシートの目的と方針は明確か	
□ 利用者はなにをどのように学びたいか（ミュージアムで、またはあるテーマに関して）	
□ 資料にどんな関係性と価値を見いだしうるのか	
□ 展示資料の選定と主題・目的の確認　展示資料から学んで欲しい内容・メッセージはなにか	
運用形態	□ 常設展用　□ 企画展用
実施日時	□ 開館時間中
利用者	□ 幼児　□ 小学校低学年
運用組織	□ 責任者（　　　　　　）
指導	□ なし □ 自己評価（シート内に表示・別紙）
配布	□ 個人配布
利用時間	□ ワークシート利用時間の目安
景品	□ なし
備品準備	□ 備品項目（ 筆記用具・画板・
設問・回答	□ 利用者に適した設問・回答か
デザイン	□ 利用者に適したデザインか
形状等	□ シートサイズ（　版　　枚） □ デザイン（1色・カラー・その他）

　ここで、ワークシートを制作するあなたが今までに教育ツールを制作・実施してきた経験がない場合、特に認知発達レベルを考慮した教育ツール作りの智恵と経験に関して、館内外に協力を求めることも選択肢の一つである。しかし、この場合も目的と方針ははっきりさせておく必要がある。サンプル作成段階のみでの協力を依頼する方法もある。

```
┌─────────┐    □ なし
│教育ツール │─────────────────→  計画・作成に当たっては教育現場の経験の   予
│作成経験  │                    ある館内外の人材に協力を求める          算
└─────────┘                    館内スタッフ・教育委員会・学校・その他
    □ あり
```

※利用者調査は全館的な問題として特定の企画以前に実施されていることが多い

- 利用者調査
- 企画段階評価
  - □ 改良点あり → 企画の改良点へ戻る
  - □ 改良点なし ※企画段階評価は企画全般にかかわる。便宜上この位置にある

□ 利用者の認知発達段階
　基礎的・基本的な知識や技能などの修得度
□ 学校等での関連学習の有無・予備知識の実態
　学習指導要領「教科内容」「総合的な学習の時間のテーマ」とのリンク
□ 利用者に適合した設問と解答の方法

| □ ワークショップ用　□ 学校等団体用　□ その他　→ 指導のあり方と運営形態参照 |
| □ その他（　　　　　　　　　　　　　　　　　　　　　　　　　） |
| □ 小学校高学年　□ 中学生　□ 高校生　□ 一般　□ その他（親子等・　　　） |
| □ スタッフ（　　　　　　　　　）　□ 協力者（　　　　　　　　　　　） |
| □ 事前指導　□ 利用時指導　□ 事後指導　→ ワークシートによる学びのフォロー参照
□ 保護者・教師用の解説に添付　□ 指導スタッフ評価（　　　　　　　） |
| □ 団体配布（必要全数部・サンプルセット）　□ ホームページからダウンロード　□ その他
（一枚当たり　　　　）　（プログラム当たり　　　　） |
| □ あり（　　　　　　　　　　　）　□ その他
　　　　　　　　　　　　　　　　　　　　　　　）　□ なし |
| □ 原稿制作者（　　　　　　　　　）　→ 設問・回答方法参照 |
| □ デザイナー（　　　　　　　　　）　→ シート・デザイン参照 |
| □ ブック（　　版　　頁）　□ 印刷・その他（　　　　　　　）／見積り
□ 制作部数（　　　　　　）　□ 補充方法（　　　　　　　　）／見積り |

制作
- 制作段階評価
  - □ 改良点あり → 改良点へ戻る
  - □ 改良点なし

実施
実　施　・　利　用

- 実施段階評価
  - □ 改良点あり → 改良点へ戻る

図6-2　「ワークシートの開発」留意点

4. 各段階での評価

「企画段階評価」では、全館的な問題を探る「来館者調査」の情報も受け、企画テーマについて利用者がなにをどう学びたいのか、接点として関心や既存知識をどれくらいもっているか、より詳しくどのような情報が求められるか、企画の切り口と一致しているかなどの調査がなされる。一方的でまったく利用者の関心を呼ばないはずれた企画、情報不足の企画になる危険を避け、より深い学びを提供するためである。その情報をベースにテーマとメッセージを明確にすることは、評価の指標ともなる。

しかし、企画・制作・実施の各段階のうち、有益な情報が得られる調査計画を立てるのは、企画段階では内容が具体的でないため最も難しいといわれ (McLean, 2003, p.103)、企画者の経験で代替されることも多い。

「制作段階評価」では、内容やワークシートのデザイン、案内サイン等の設置位置などを含め、制作者のメッセージが意図どおりに利用者に伝わるように機能しているか、企画者やデザイナーに有益な情報が得られる。運用をシミュレーションすることによって、備品などの不備もここで発見できる。

「実施段階の評価」もプログラムの改善、次回の企画の予備情報の取得に役立つ。利用後のアンケート調査は、プログラムに組み込みたい。

また、制作および実施段階の評価を企画段階評価も含めた「試行・検証」と位置づけ、はじめから豪華な印刷物などつくらずに、印刷部数も抑え、利用者の反応をみながら繰り返し改良していく方法が実用的である。検証型の開発を"エバリエーション"と呼ぶ。予算もない小さな企画での事例を含む、「学芸員が実践する来館者調査と展示開発」の実践報告（三木, 2002, p.76）を参照されたい。

5. 指導のあり方と運用形態

ワークシートの運用は、指導のあり方で形態が変わるともいえる。基本的に、ワークシートの使い方や館内での活動の仕方についての諸注意が「事前指導」。これはワークシートを配布する場所に表示したり、ワークブックの最初の頁に掲載する方法もある。「利用時の指導」は、時間も場所も設けて

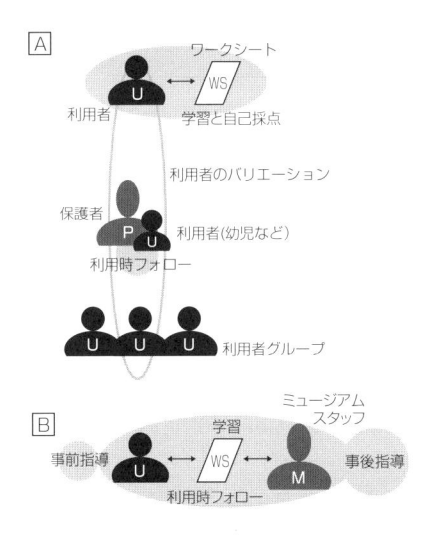

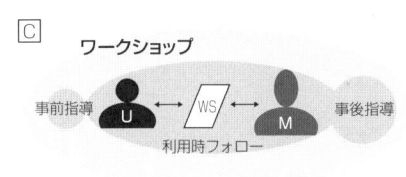

A 利用者がワークシートを館内で入手し、活用。回答欄を見て自己採点する。スタッフによる関与は基本的にない。利用者のバリエーションとして、年齢が低いために保護者との利用が原則になっている場合や、また、グループでの学習が条件ということも考えられる。全ての形態に共通。

B 利用者がワークシートを館内で入手し、活用。事前指導、利用時フォローは実施されたり、他の方法に代替される。スタッフによる事後指導がある。

C ワークシート中心だがワークショップ的にプログラムされた場合や、ワークショップの中で、プログラムの一部、ツールの一つとしてワークシートが利用される形態である。

D 学校の課外授業の一環として利用される。授業で関連学習があり、それが事前学習、当日、事前指導があり、学習に入る。事後指導は基本的にある。学校へ帰っての発展的学習へと進む。担当教師とミュージアム・スタッフの関与の仕方、役割分担はミュージアム側の方針や事前の双方の話し合いなどで決まる。

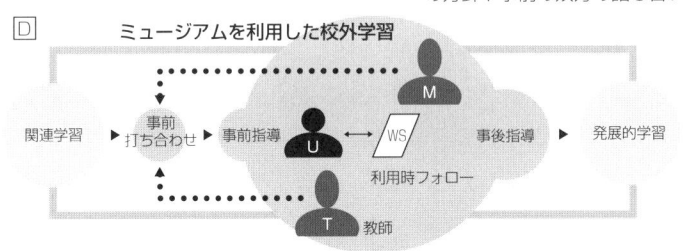

図6-3　ワークシートの運用形態

積極的に中間評価を実施する場合と、必要があればサポートしますという場合がある。わからないことがあったらいつでも質問できるという案内や表示は必要である。そして回答合わせと評価などが「事後指導」である。会場の広さにもよるがサポート・ポイント1か所がそのすべての役割を含むことも多い。利用者像はどうしても幅のあるアバウトにならざるをえないことが多

く、ワークシートの目的やねらいが正しく達成されているかどうかの事後指導は特に重要であるので後述する。

また、あるプログラムの中でワークシートが教育ツールの一つとして使われる場合やその中心となる場合が、ワークショップやミュージアムを利用した校外学習である。

基本的な形態にどのような工夫や演出を施して運用しているか、さまざまな事例を研究することを勧める。

6. 設問内容と回答方法

設問内容と回答方法は、資料からのメッセージが利用者に正確に伝わるよう計画されなければならない。その具体的な設問はミュージアムの種類、資料の種類によってさまざまである。その設問に対して多様な回答方法の中から、どのような回答方法をとるかは、求める学習効果が期待できるかどうかと、利用者との適合性を考慮して選定される（図6-4）。

(1) 設問の傾向と難易度

絵や写真で示された「指定の資料を見つけさせる」設問は資料や展示の内容がわからなくてもできる課題でもある。まず、館内を知ってもらう、展示資料になじんでもらうという初期の目的には有効である。発見する・探検するということは、興味を喚起する段階での楽しさをともなう学習の常套手段ともいえる。また、住居模型の中から指定の生活用具を探したり、動植物の生態模型から指定の動植物を探す場合には、特定の環境に存在するものとして、単品の実物資料とは違った展示理解につながると考えられる。その理由から「模型の観察から設問の回答を見つけさせる」という項目を特にあげた。

「資料や解説から設問の回答を見つけさせる」や「体験を促す。また、その結果や感想を求める」設問などは一番基本的な設問でもある。目の前の展示資料について観察・体験し、思考をめぐらし、理解に迫ることとなる。

また、これ以外にも応用的設問として「資料に関連するものについて記述を求める」、発展して「このワークシートをきっかけに、資料と関連がなくても、思いついた事柄について記述を求める」などがある。対象は館内の資料でも、利用者の生活圏へと広げることも可能である。

そして、グループで取り組んだり、お互いに問題を出し合ったりすることは、ワークシートのバリエーションの一つとして楽しめる。最終的に「自分で課題を決める」ということになると自主的・創造的探求への一歩である。

(2)　2種類の質問

　理由や感想を求めたり、感じたままを書かせる・描かせるような、正解のない、利用者の解釈や感性を尊重するのがオープンエンド・クェスチョン。「はい」「いいえ」で答えられたり、資料名を答えるなどの正解があるのがクローズド・クェスチョンである。

　能動的で構成的な認知活動を促進するにはオープンエンド・クェスチョンが有効である。テストされるような言語化された命題的な形のもの、例えば資料名を問うことよりも、その資料の存在意味・理由や原理と応用を問うこと、またはどのような価値を見いだすかといった設問のほうが創造的な学びだからである。

　しかし、例えば資料名やその分類を確認することも、学びの手がかりとして必要不可欠である。オープンエンド・クェスチョンも、クローズド・クェスチョンも、ワークシートの目的やねらいの中で、混合形も含めた効果的な使い分けが大切である。

┌─ 設問の内容としては ─┐　　　┌─ 回答の方法としては ─┐
│ ◇指定の資料を見つけさせる │ 例 │ ◇マーキング（確答するものに） │
│ ◇資料や解説から │　　│ ◇正誤式（○×式） │
│ 　設問の回答を見つけさせる │　　│ ◇多肢選択式 │
│ ◇模型の観察から │　　│ ◇穴埋式記述 │
│ 　設問の回答を見つけさせる │　　│ ◇記述式 │
│ ◇資料の観察から絵画等の完成を促す │　│ ◇絵画等完成描画（ぬりえを含む） │
│ ◇資料と利用者の関連を問う │　　│ ◇自由記述式（感想・意見の記述） │
│ ◇感想を求める │　　│ ◇体験 │
│ ◇体験を促す │　　│ 　◇体験展示の体験証明をもらう │
│ 　また、その結果や感想を求める │　　│ ◇ワークシートで工作 │
│ ◇複数のメンバーで設問に挑戦させる │　│ 　　　　: │
│ ◇自分で課題を決める │　　│ │
│ 　　　　: │　　│ │
└─────────────┘　　　└─────────────┘

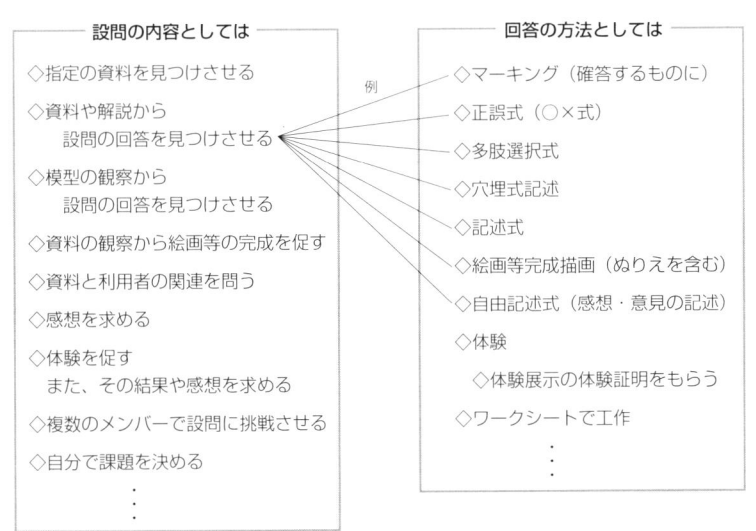

図6-4　設問内容と回答方法

そして、設問のニュアンスは「資料のここをみて学びなさい」という押しつけではなく、授業でいえば発問という形で子どもたちと対話をしていく。子どもたちに主体的に思考することを促す"発問"（柴田，2001，p.93-94）のニュアンスであろう。

(3)　絵を描くことは簡単か

　絵画等完成描画が他の解答方法よりも簡単で、低年齢向きかというとそうではない。絵を描くということは、よりその事象と向き合い、観察を深め、理解へ近づくことである。絵を描く対象が単純なものか複雑なものかによっても難易度が違う。絵の一部を描いて完成させる、絵全体を描く、計測図を描くなどのバリエーションがある。"ぬりえ"は絵画完成法で、特に幼児向けに限定されたものではない。また、自分で特定の資料を選んで描く場合で

表6-1　設問・回答方法の留意点

　ワークシートの目的、利用者の確定とその理解が前提となるが、一部方針の確認と具体的な設問と回答の留意点を示す。計画によっては、その主旨とはずれる項目がある。

ミュージアム資料とその理解の重視
- □　資料の主題内容やトピックスが利用者の学習レベルに適当か
- □　資料の主題内容やトピックスが利用者を惹きつけるような魅力的なものか
- □　資料の主題内容やトピックスが中心の設問になっているか
- □　資料のなにを学んで欲しいのか、ねらいがはっきりしているか
- □　「答え」だけを求めるのでなく、資料を観察し、理解をともなう設問になっているか
- □　資料を観察するための手がかりやヒントになっているか
- □　展示物に触れたり、注意深く操作したり、体感して答える設問になっているか
- □　利用者の疑問を誘発し、想像力やアイデアを引き出す設問になっているか
- □　直感的に感性で資料と向き合うなど、五感を活用する設問になっているか
- □　資料を利用者の身体サイズで比べる設問・回答方法になっているか
- □　表現活動・創造活動へ発展できる設問・回答方法になっているか
- □　利用者の興味・関心、既有知識と関係づけるような設問になっているか
- □　利用者の実生活に関連したり、実生活に役立つ気づきにつながる設問になっているか
- □　基本的には館園内で取り組む課題であること
- □　上記の発展的課題として、利用者の生活圏へのひろがりがあるか
- □　地域文化・ものづくり関連の設問になっているか
- □　現代のさまざまな社会問題にリンクしているか
- □　必要により学習指導要領とのリンクを考慮。「教科内容」「総合的な学習の時間のテーマ」

は、設問のねらいも利用者の自主性も違ってくる。特に、絵を描くこと自体に利用者は苦手意識をもっている場合が多く、絵の上手下手ではなく、設問の意図を理解して描いているかを中心にみる必要がある。

　重要なことは、問題の難易度は、個人のその問われているものへのなじみの程度によっても異なるということ。そして、それぞれのレベルでその利用者が一生懸命チャレンジしていることを忘れてはならない。

⑷　回答率と不人気から問題点を探す

　異常に回答率の悪い設問は、設問自体か資料展示の方法やその解説方法に問題がある可能性を疑う。シリーズの中で人気のないワークシートは、はずしてしまうのではなく、その原因を探りたい。ミュージアムでの学びの有効なヒント、展示の改善へのヒントが得られることがある。

文体・表現
- ☐　利用者にわかりやすい簡潔な表現になっているか
- ☐　一問一答を基本に問題の内容や答え方が明確か
- ☐　回答へのステップ数は少なく
- ☐　「○○しなさい」という指示が強調されないよう留意する。演出的に使用する場合は別
- ☐　表記は統一されているか、ルビ表記の基準は明確になっているか
- ☐　整理や調査に役立つナンバー等の表記は統一されているか

回答方法
- ☐　なにをどう問うているか、その回答方法として適しているか
- ☐　対象年齢を考慮したものになっているか
- ☐　回答スペースは小さくないか。利用者の年齢が低くなるほど、大きくとる必要がある。
- ☐　意見・感想を求める場合は「なにが、なぜ、どのように感じられたのか。そして……」と十分答えられるスペースが必要である。

問題と思われる設問・解答方法
- ☐　対象年齢に対し設問や解答の方法が必要以上に簡単、または難解になっている設問
- ☐　前後の設問から回答がわかる設問、脈絡のなさすぎる設問、引っかけ問題
- ☐　基礎的知識のない状態での、研究者の偏ったこだわりの押しつけの設問
- ☐　非常に詳細な部分、瑣末な部分、主旨からはずれた部分を問題とした設問
- ☐　「あなたも～だと思いませんか」といった誘導的・強制的な設問
- ☐　展示解説を読んで答えるだけの試験問題化した設問
- ☐　参考図書などを調べることを前提とした設問

7. ワークシート紙面のデザイン

　こんなワークシートが自分の考えているものにイメージが近いというサンプルがあると、企画やデザイン段階で具体的な作業の参考になる。日頃からワークシートを収集し、その上で個性的なワークシートをつくりたい。手順にそってデザイン上のポイントを述べる。

■ レイアウトのベースとなるフォーマットをきちんと作成する。

■ 基本となる文字サイズは、利用者の年齢が低ければ、その文字サイズは大きくなる。対象の年齢の書籍や教科書の文字サイズなどが一つの目安になる。

1. 用紙サイズを決める ▶

■ 用紙のサイズは、どのようなスタイルのワークシートを計画しているかで決まる。設問の数。単票か、頁ものか。
B4、A4、B5、A5など紙の規格サイズが経済的。A3であれば2ッ折りが使い勝手がよい。1シート1・2問のA5サイズでシート数の多いシリーズものもおもしろい。

■ 原寸で簡単なスケッチ（ラフ・スケッチ）をつくり、サイズや内容の密度などおおまかな検討をする。

■ 頁もの、ホチキス止め、パンチの穴あけ位置なども上記の原寸ラフ・スケッチで検討する。

■ 折りを利用したワークシートも工夫できる。

■ 利用者の使い勝手、画板などの貸し出し備品のサイズなども考慮する。

2. フォーマットをつくる ▶

■ 行間は十分とること。行間が不十分で視覚的ストレスを感じるものが、館内作成で一番多い問題点である。書体にもよるが、本文であればその文字サイズの50〜75%程度の行間が空いていなければ読みにくい。一行の字数が増えるほど、行数が増えるほど、行間はしっかり必要になる。

■ 文字サイズ、1行字数、行間が決まると紙面上での情報スペースである版面(はんづら)が決まる。

■ 版面の外側四方の余白は、用紙の大きさや内容密度にもよるが、用紙の短い方の両側あわせて15％程はほしい。長手方向はそれと同じ余白をとればよい。

■ 印刷業者に発注する場合はあまり問題にならないが、内部のプリンターやコピー機を使用する場合は、その機種のマージン(非印刷面)を把握しておく必要がある。

■ 情報がたくさん詰まった楽しいワークシートを演出する場合などは、文字も小さくし、余白を少なくするデザイン方法もある。

図6-5　紙面のデザイン・プロセスと諸注意

フォーマット例

＊文字サイズにメリハリつける

ミュージアム探検
わくわくシート B・4

＊ネーミングも工夫のしどころ

名 前　　　　　　　　　　　＊グレーのケイも　うまく使いたい

＊スタンプ・スペース
「すてきな発見をしたね」
そんなスタンプ・デザインを

《里（さと）の自然（しぜん）コーナー》　＊ルビが大きすぎると不格好

1)

2)

写 真

＊写真は解像度の十分なもの、モノクロで画像のハッキリしたものを使用

《年中行事（ねんちゅうぎょうじ）コーナー》　＊どのコーナーの設問なのかヒントがいる場合もある

1)

①
②
③

2)

写 真

キャラクター

＊キャラクターは多いとうるさい

キャラクター

＊書き込むスペースは十分にとる

MyMuseum　マイ・ミュージアム

＊ミュージアムのロゴマークは使用規定を守る

＊余白は用紙の短い方の7〜8%

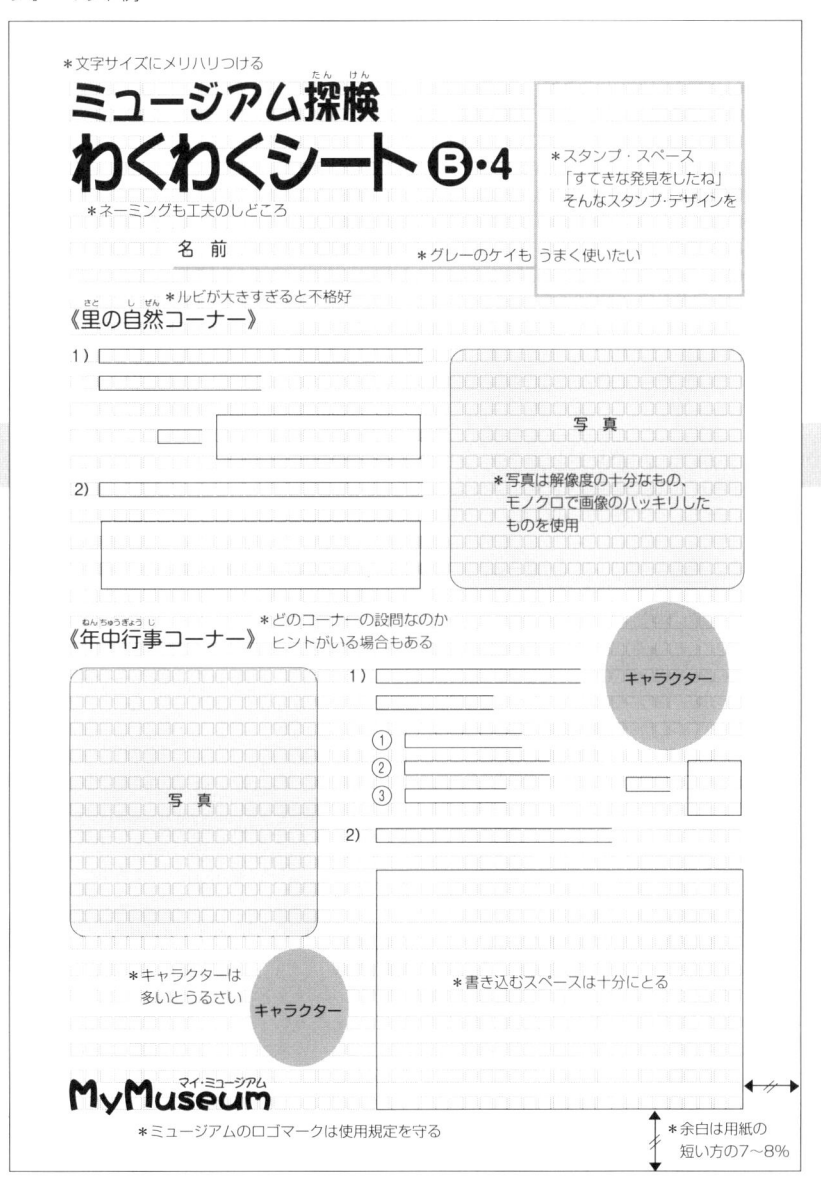

＊フォーマットの文字組みを薄いブルー表示にして、別レイヤーで固定し、それを目安に必要項目をレイアウトしていくと作業がしやすい

■　和文書体は、明朝体、ゴシック体、丸ゴシック体、手書き風書体などがある。明朝体に比べゴシック体はやや硬い感じがあるが、細いゴシック体は上品である。手書き風書体は自由な遊びの雰囲気がでる。丸ゴシックは中間で柔らかいイメージがある。

■　それぞれの書体には太さの違うファミリーと呼ばれるバリエーションがあり、太いほど活発な感じで、細いほどおとなしいイメージになる。太い書体は本文には向かない。

■　ワークシートやワークショップの企画・演出にあった書体を選ぶ。見やすさ、読みやすさを第一に考える。

■　2のフォーマットに、タイトル、氏名記入欄、設問と回答欄などを統一してレイアウトする。これを守ってシリーズ化していくと統一されたデザインになる。

■　統一の度合いを自由度という。自由度が高ければ、紙面は遊びの雰囲気がでる。自由度が低いものは硬い感じになる。

■　自由に遊んでいるようでも、版面、タイトルのサイズと位置、文字のサイズの基本を守って、キャラクター・イラストレーションや書体、罫線の種類など他の要素と、その位置を変えて楽しさを演出し、バラバラにならないようにしている。

3. 書体の選び方とルビ

■　ワークシート・タイトル、見出し、設問本文の文字サイズなど、文字と文字の大きさの比率をジャンプ率という。一般にジャンプ率を上げると、元気で親しみがでる。ジャンプ率を下げると大人しく上品なイメージになるが、ジャンプ率が低すぎると、のっぺりとした紙面になり退屈な印象になる。適度なジャンプ率は、紙面にメリハリを生み、読みやすくなる。

■　小学生であればその対象学年までに習った漢字にはルビをふらないということになる。しかし、学習内容にもよるが小学生全体が対象のワークシートの場合では、設問の字数も多くはないし、なるべく平易な文章で漢字も少なくして、総ルビということも一つの方法である。

4. レイアウトをする

■　設問に対応する展示室名やコーナー名の表記、館内またはフロアー・マップが必要な場合がある。利用者の利便を考える。

■　ブック形式や複数のシートでセットになる場合は、表紙や裏表紙などに各要素を割り当てる。

■　行末・行頭に括弧のような符号の片方が残ってはいけない。西暦の数字や単位記号が行にまたがってはいけない。句読点、促音、音引き、繰り返し記号が行頭にきてはならない。これらを禁則といい、ソフトによっては自動処理できるので確認する。

■　ミュージアムのロゴマークをきちんと入れ、広報・宣伝につなげる。ロゴマークはかってに変形などしてはならない。

新ゴ ファミリー	楽習 新ゴL	楽習 R	楽習 M	楽習 B	楽習 U	ルビは付かず離れず
リュウミン ファミリー	楽習 リュウミンL-KL	楽習 R-KL	楽習 M-KL	楽習 B-KL	楽習 H-KL	楽習 U-KL
丸ゴシック	楽習 A-CID 新丸ゴR		手書き風書体	楽習しよう DFPPOP1体W5-CID		楽習しよう DFPブラッシュSQW9-CID

■ 図版や写真がきれいなこと。展示パネルや印刷物からの複写などがきれいでないものが多い。カラー図版を複写してモノクロになった場合、情報の識別ができないものなどは、モノクロ用に作成し直す必要がある。メリハリのある図画像が必要。

■ 文章全体に占める写真や図版の比率を図版率という。文字だけは図版率0％となり、読むことに努力がいり、高年齢向きである。反対に写真や図版、イラストだけの場合は図版率100％となり、低年齢向きとなる。企画と内容にもよるが、図版率50％程度が一般に好感がもてる。

■ カラーが必要な特別のケースを除き、モノクロのワークシートが実際的である。ランニングコスト、学校へのワークシートのひな型提供とその後の再編集、大量コピーを考慮する。

■ 館内コピー機などで増刷、複写は必ず元原稿からおこなう。機器の性能も確認しておく。複写の複写のような文字やミュージアムのロゴや館内案内図がつぶれて読みにくくなったワークシートは学習意欲を減退させる。また、複写するときに、曲がってしまったり、文字が切れたワークシートは館の美意識を疑うし、なにより不誠実な感じがする。

5. 図版・写真・イラストレーション

■ 写真の解像度に注意。ぼけた写真は禁物。
■ 本文はもちろん、図版や写真もフォーマットの文字の並びを基準に配置する。
■ キャラクター・イラストレーションは楽しさを演出する。
展示やワークショップのキャラクターがリンクしていること。関連のない、下手なイラストなら不要である。
■ キャラクター・イラストレーション制作上の注意としては、差別的な表現、ジェンダーにかかわる表現に気をつける。男女のキャラクターでは、女子であるからスカートでリボンを付けているというような描き分け方をしない。

富山県
立山博物館
えんま大王

千葉県立中央博物館
「中央博調査隊」所長

兵庫県立
人と自然の博物館
ひとはく博士

6. 印刷の色と紙、増刷時の注意

■ ワークシートがそのまま工作紙になる場合は、厚口の紙を使用するが、その厚さは工作物による。印刷機の確認も必要。

■ 色上質紙などのカラーペーパーをじょうずに利用することも一考の価値あり。ただし、色の濃い紙は、モノクロ（ブラック）の文字を読みにくくする。これも、視認性・可読性を一番に考える。

見えますか？ 読めますか？	見えますか？ 読めますか？
見えますか？ 読めますか？	見えますか？ 読めますか？

カラーペーパーの色の濃さに注意

―― 関連ツールとして ――
ワークシート利用を促す、サイン、ポスター、チラシなどで大いに宣伝する。
学校配布ワークシートであれば、「見学のポイント」「館内案内」「指導者の方へ」「教師用解説」「発展学習のすすめ」などをどのように添付するかを決定し制作する。

試行

●第6章 ワークシート デザイン● *133*

8. ワークシートによる学びのフォロー

　クローズド・クェスチョンの場合は、利用者自らが回答欄をみて自己採点できる。しかし、オープンエンドのクェスチョンでは、スタッフによる評価も解釈もいらないのではなくて、むしろ、その利用者独自の感性からの答え、解釈、発見のよろこびを、わかちあい、見守るまなざしが重要である。利用者が回答へ至った過程をスタッフは聞き出して、再確認し、共有し、共感を示す。もし、誤った解釈があれば再チャレンジへの誘導とアドバイスを与えることも必要である。新しい情報をまちがえて理解したまま自分なりの整合性のある知識を構築してしまう（Bransford, J.D.(他), 2002, p.69）危険性もあるからである。

　ミュージアムの学びは、学校教育のように採点し、成績表をつけたり、学習の効率を追求しない。利用者は他人を意識する必要もない。しかし、展示資料に精通していて、利用者の学びの状況を解釈し、その興味・関心を次のステップへ、探求・創造へとつなげるというスタッフによる形成的な評価（梶田, 2003, p.101）がなされなければならない。当然、このような対応のできる人材が、事後だけでなく全般のフォローにあたることが望ましい。フォローありきの運用計画を工夫したい。

　また、学校の教育課程のように学習の順番が決まっているのではなく、どこから、なにから興味をもってもよいのがミュージアムの学びである。そこで、ワークシートのメニューは豊富な方がいい、主体的な選択の自由度が高い方がいいということになる。そして、このワークシートには、継続的・発展的な学びのプログラムがなければならない。運用システムも含めて、そうした再来館へつなげる工夫も欲しい。ワークシートを一通り終了した子どもが、希望して学芸員に特別ワークシートをつくってもらいミュージアムでの学びを発展させている例も見聞する。ワークシートを一枚つくって、その結果を採点して"終了"ではない。

　そして、特に事後の場面では、制作者にとっては利用者の反応と直に接することのできる、貴重な体験が可能である。より効果的なワークシート制作への'試行'結果の得られる反省の場なのである。なにより、事後指導を通

しての利用者とスタッフの温かい交流は、ミュージアム・ファンを育てていく上でも貴重な機会を提供してくれる。

また、氏名を書く欄に自分の名前を書き、ワークシートに臨むことは、利用者の主体性、自主性の表明である。館側はその努力に対して、なにをもって報いればよいか。豪華な景品は必要ない。特別にデザインされたスタンプを押してやることでもよい。参加証明証や館手製のしおりでもよい。「特別研究員認定証」「ミュージアム・スタッフ助手認定証」も楽しい。なによりも「とっても楽しい発見をしたね」の共感の言葉かけなのである。

9. まとめ

ワークシートによる学びのフォローを語るとき、その対象は幼児や児童生徒をイメージしている。しかし、ミュージアムのワークシートは成人のためにあってもいいものである。デザインという用語を単に紙面のデザインに限定せず、広く全体の企画やその運用形態も含めて考えたい。

そして、ワークシートの紙面としてのデザインのクオリティは、仕上がりのきれいさだけで評価が決まるものではない。だからといって内容がよければ、見た目はどうでもよいという意識は禁物である。利用者を思い企画してきた内容がワークシートとして結実するとき、学芸員による内部制作でも、利用者に視覚ストレスを感じさせないように注意を払うことで、完成度の高い温かみのあるワークシートになる。

また、その評価は、ミュージアムの資源を有効に活用して、いかに利用者の学びの手助けができるかで決まる。利用者に対してどれだけ優しいまなざしが向けられて、制作されたワークシートが運用されたかである。ワークシートが多くの利用者に活用され、自主的で活発な学びがミュージアムでみられ、最後にはワークシートから巣立った、想像力あふれる探求の実践者としてのミュージアム・ファンが増えることが望まれる。

◆参考文献
波多野誼余夫, 稲垣佳世子. (2005). 発達・学習・教育とは. 発達と教育の心理学的基盤. 放送大学教育振興会.
Vygotsky,L.S.(1962). 柴田義松訳. 子どもにおける科学的概念の発達の研究. 思考と言語（下）.

明治図書.
並木美砂子. (2002). '学校との連携' を考えるひとつの視点 – 連携の目的は何か？. 動物園・水族館と環境教育Vol.2. 動物園環境教育会議.
McLean,K. (2003). 井島真知, 芦谷美奈子訳. 正しく行う – 利用者研究、評価、そして展示. 博物館をみせる人々のための展示プランニング. 玉川大学出版部.
三木美裕. (2002). 学芸員が実践する来館者調査と展示開発. 村井良子, 東京都江戸東京博物館「博物館における評価と改善スキルアップ講座」実行委員会編. ミュージアムの評価と改善. ミュゼ.
柴田義松編著. (2001). 学習指導の方法. 教育の方法と技術. 学文社.
米国学術研究推進会議編著. Bransford,J.D.(他). (2002). 森敏昭, 秋田喜代美監訳. 学習者と学習. 授業を変える／認知心理学のさらなる挑戦. 北大路書房.
梶田叡一. (2003). 形成的な評価. 教育評価　学びと育ちの確かめ. 放送大学教育振興会.
大堀哲. (1999). 博物館の教育サービス　5.ワークシート. 加藤有次, 鷹野光行, 西源二郎, 山田英徳, 米田耕司編. 博物館学講座10　生涯学習と博物館活動. 雄山閣出版：130-136
丹青総合研究所, IZNO・アイズノー. (1987). ミュージアム　ワーク・シート.

第7章

子どもの発見

小野 和

1. 子どもの発見

(1) はじめに

　近年、わが国にも子どもを対象としたミュージアム展示や子育て支援施設が設けられるようになってきた。従来からある博物館や美術館の中にも、子どもや親子などを対象とする展示やワークショップ等に、積極的に取り組み始めたところが少なくないようである。

　一方、デパート、チェーンストアの店舗スペース、遊園地やテーマパーク等に、遊びと学びの双方を積極的にとり入れていることをアピールするものも、出現している。こうした現代社会の一連の流れの中で、ミュージアムをどのような場として位置づけるのか、その役割はなにか、といったことについて考えてみる必要があろう。子どもにとってのミュージアムの役割を考えるのであれば、「子ども」について考えることから始めるのが順当であろう。

　そこでここでは、まず「子ども」をどのような存在としてみるのか、という思想の変化を追うことをとおして、幼い子どもにとってのミュージアムの遊びや学びとはなにかという点について考えることにする。

(2) 近代的児童観と子どもの発見

　西欧では、前近代から近代への社会構造の変化により、「子どもの発見」と呼ばれる近代的児童観が確立していったといわれる。ルソー（Jean-Jacques Rousseau）は『エミール』の中で、子どもは大人とは別の人格として尊重されなくてはならないことを述べた。それまで「小さな大人」（アリエス）とみなされていた存在は、近代社会の萌芽とともに、大人とは異なる

独自の発達段階としての「子ども期」を生きるものとしてとらえられるようになったわけである。

こうした近代的児童観の背景としては農業や漁業などを基盤とする前近代社会から、工業などを中心とした近代社会への転換とそれにともなう都市化、情報化などがあげられる。近代以前の社会では「小さな大人」は、大人と明確に分けられることなく、地域の一員として幼いうちから過酷な労働や共同体内の祭礼等の役割を担う者であった。しかし、産業革命後の工業化、都市化の進展とともに、近代社会における一人前の生活や労働には、一定の知識の習得が欠かせないものとなり学校が制度化されていった。

このような社会の変化にともなって、子どもは一人前になるまで大人とは異なる「子ども時代」を大人によって「保護」「教育」される者として位置づけられるようになったのである。こうして近代的児童観に基づく「子ども」という概念が生まれた。しかし子どもが人権の主体として社会に定着するのは、各国の社会事情等によりもっと先のこととなった。

わが国では江戸時代後半には、都市部を中心として庶民の子どもたちが寺子屋で、読み、書き、そろばん等を学んでいた。明治時代に入ると、さらに効率的な教育の場として近代的な学校制度が整えられ、1872（明治5）年には学制が定められた。文部科学省の資料によると1886（明治19）年から就学義務が確立されるが実際の就学率は明治30年代に急速に高まり、明治30年代末には男女とも90％以上の高い就学率となっている。

その後、中等・高等教育機関への進学率も著しく高まり、1975年には高等学校への進学率が90％を超えた。このことは、日本の子どもたちが、学校という場で児童・生徒として過ごす時間がこれまでになく長くなったことを示している。

(3) 子どもの権利条約と日本の子ども

子どもの権利の総合的、国際的保障を目指し「子どもの権利条約」が1989年11月に国際連合総会で採択された。この条約は、批准に当たって子どもの権利の実現を法的に義務づけている。日本の批准は1994年4月であるが、子どもをとりまく法的条件はすでに整備されているという見解により、法改正や予算措置をおこなわないままでの批准であった。確かに、戦時下の子ども

や発展途上国の子どもの現状を考え合わせると、日本の子どもの多くは、高い進学率を示し、飢えや過酷な労働とは無縁な生活をしているようにも見える。

しかし、一方では学級崩壊、キレる子、いじめ、ひきこもり、ニート、などの問題が生じている。また、「子どもが変わった」「なにを考えているのかわからない」というような指摘もある。こうした問題について柳治男は、「学級制」という角度から検討を加えた。

> 教師や周りの大人の期待に添って、元気で明るい子、まじめな子、仲良い子、成績のよい子等、教育言説が掲げる教育効果が上がった姿を絵に描いたような子ども像を自ら演じながら、体は規律化され、さらにまた、競争意識もなくならない、このような状況にいる人間とは、いったいどのような存在であろうか。(中略)深刻なダブルバインドをもたらす学級という空間世界の中に生きなければならないというこの異常性が、子どもの異常な行動を生む原因となっていると考えられる。(柳, 2005, p.195)

従来、学校の発達は望ましいこととしてとらえられてきた。しかし学校が発達しすぎると「学校化」の現象を引き起こし子どもだけでなく、社会全体も学校制度や学校の価値観にしばられてしまう危険がある。

今までにない長い期間を学校・学級で児童・生徒として過ごす日本の子どもたちと、さらにそれをとりまく家族や社会全体も「学校化」や「学級のもたらすダブルバインド」の影響を少なからず受けているものといえよう。

(4) 子ども問題の背景は？

高度経済成長以前のわが国では、三世代同居で、家の仕事や田畑の仕事を手伝う子は珍しくはなかった。また、学校から帰った後、紙芝居や駄菓子屋に群がり、原っぱや路地で赤い夕日が沈むまで、ガキ大将に率いられて大勢で遊ぶ子どもたちの姿も珍しいものではなかった。昭和20年代以前に生まれた大人たちは、劇画「三丁目の夕日」に描かれているその頃のことを懐かしさをこめて語る。

しかし、高度経済成長以後、原っぱに次々と建った団地やニュータウンで育った世代にとっては、紙芝居や駄菓子屋はもう身近なものではない。まして、現代の子どもたちにとって、カラーテレビやエアコン、ゲーム機、携帯電話もない生活は考えられないものであろう。高度経済成長以前に、子どもが過ごしていた学校以外での、人と人とのかかわりをともなう手伝い仕事や遊びは、高度経済成長期を境に減少していった。代わって、登場したのは、放課後の塾や習い事に象徴される学校の価値観の拡大や、実体験の希薄な生活であった。
　このようなことから、日本の子ども問題の背景となる要因として、学校や学級に関するもののほかにも、都市型生活の進展、家族の変容、高度情報化社会の展開などが以前から指摘されている。これらの要因は、それぞれが、他の要因とも関連しながら影響し合っているともいえるが、特に関連深いものとしては、次の2点をあげることができる。

　ア．都市型生活の進展や、核家族化・少子高齢化にみられる家族の変容は、家族や地域を基盤とする共通体験の減少や、人間関係の希薄化をもたらしている。
　イ．多様なメディアの出現は、情報の質と量の変化だけでなく、直接体験の減少や人間関係の希薄化を引き起こすこともある。

　このように多くの要因が複雑に関連している子ども問題に関して、本田和子はそれが子どもだけの変化を意味するのではなく、「子ども―大人関係の変化であること」（本田、2005.5, p.131）を指摘している。そして、大人と子どもとの間にある溝は比較を絶するほど、広く深いものであることを認めたうえで、

　　しかし、にもかかわらず、私たちは、彼らとの間の新しい関係の構築に努めねばならず、それは可能であると信じなければならない。（中略）私たちとは異なる「いまの子どもたち」の異質性の前に謙虚であること、たとえば、淡く薄く見える人間関係や、瞬間瞬間に点滅する彼らの言動や思考に対して、無理に私たちの価値尺度に合わせるのでなく、その一つ一つを貴重な表現として享受することが

> 肝要であろう。求められるのは、外国語を日本語に翻訳し直すのでなく、そのままの応答においてコミュニケーションするという、あの態度に等しいあり方かも知れないのである。（本田，前掲書, p.131）

と述べている。

「子どもの変化」、「子どもと大人の関係の変化」に着目するのであれば、変化しているのは、子どもばかりではなく、大人もまた大きく変化しているともいえよう。子どもと大人とのかかわりの中で、「外国語を日本語に翻訳し直すのでなく、そのままの応答においてコミュニケーションするというあの態度」を具体化するうえで、直接体験を共有しうる体験型の博物館は大きな可能性をもつものとして注目したい。

2．ミュージアムに夢をかける

(1) みんなが出会う場としてのミュージアム

近年のミュージアムでは、子どもを対象とした体験型の展示が増えている。ここでは、特に未就学の乳幼児から小学校低学年頃の子どもたちに視点を合わせたい。乳幼児から小学校低学年頃の子どもを対象とする場合には、子どもだけで来館するのではなく、親や保育者、教師などの身近な大人とともに来館することが一般的であろう。家族や親類などとともに来館する場合には、兄弟姉妹や祖父母などが一緒の場合も少なくない。

このように乳幼児から小学校低学年頃の子どもに視点を合わせると、「来館」ということだけでも、「学校や家庭とは異なる場に、異世代が居合わせる、出会う」という体験が自然に生まれる。これは、少子化や核家族化の進むわが国では、他の場所ではなかなか得がたいものである。

それにもかかわらず、単に幼い子どもの来館には、年長者、大人のつきそいが必要であるというふうに、引率者の必要性としてだけでとらえることが、少なくないのは残念なことである。乳幼児から親、祖父母世代にまでおよぶ幅の広い、「異世代が居合わせ、出会い、直接体験を共有し、楽しめる場」であるということは、ミュージアムの意義の一つとして、もっと重視されて

よいことである。また、保育所、幼稚園、学校などの場合とは異なるくつろいだ雰囲気の中で、自分のペースで過ごしやすいこともミュージアムの利点である。

　子どもは、ミュージアムに来館することで、展示やワークショップを中心とした数々の体験をするだけでなく、家族以外の大人や異年齢の大勢の子どもたちと出会うことになる。親や祖父母たちはミュージアムに来館することによって、わが子以外の子どもや、他の大人の姿に接することができる。展示やワークショップ等を自分でも体験したり、楽しんだりしながら、年齢の異なる子どもの姿や、遊びのようす、他の子どもと親とのかかわり等に、身近に接する貴重な機会を得ることができるわけである。

(2)　遊びと学び

　幼い子どもたちは、生活の中で環境や遊びをとおして学び、成長していくといわれる。乳幼児から小学校低学年頃の子どもたちを対象とする場合、子ども一般としてはくくりきれない低年齢児の成長発達の特性や、配慮についての検討が必要である。ここでは、身近な紙とのかかわりをとおして、子どもの成長を追ってみよう。

〈事例〉1歳のAちゃん：はいはいから、ヨチヨチ歩きするようになり両手が自由になった。このため、自宅の障子や襖は、Aちゃんの手の届く所は、すべて破られビリビリの状態。大人が目を離すと、破った紙を口に入れていることもしばしばある。雑誌などをみつけるとページをめくり、紙のパリパリという音を喜び、紙を何度も振るように動かす。そのうち、千切れた紙をしゃぶりだす。

　普段母親は、雑誌や新聞を破くとしかって、やめさせようとしていた。そうすると、しかられたAちゃんが泣き叫んで、母親もさらにイライラすることが多かった。

　Aちゃんは、紙をつかんで破ろうとするが、雑誌が動いてうまくいかない。今回破いている雑誌は古いものだったので母親は、Aちゃんの好きにまかせておいた。繰り返すうちにAちゃん自身が雑誌に乗り、雑誌が動かないようにして破る。紙が大きく破れると、母親に見えるように振り回して喜び、何回も破る。

　母親は、Aちゃんが破ることに全身で取り組み、自分でやり遂げた姿や、喜ぶ様子に驚くとともに、自分も雑誌破きに加わった。雑誌のグラビア紙がパリ

パリ、ビリビリと音を立てて破れるのは、母親にとっても解放感が高まり、予想外に大変おもしろかった。
　母親が楽しんでいる様子にＡちゃんも喜び、２人でさらに破いたので、部屋中が破いた紙の海のようになった。母親が、両手いっぱいの紙をＡちゃんにかけると、大喜びで、Ａちゃんも紙を散らしたり、かけたりした。母親が用意した段ボール箱に、破いた紙を入れると、Ａちゃんも段ボール箱に入る。母親が上から紙をかけると「シャー!!、シャー!!」といって頭を洗うまねをする。

　Ａちゃんのおこなった破る、壊す、なめるといった活動は、破壊、不潔と否定的にとらえられ、排除されることが多い。しかし、全身で周りの環境にかかわり、手触りや音を楽しむだけでなく、口で探索、確認するのもこの時期の特徴といえる。こうした探索を繰り返すうちに、自分自身が雑誌の上に乗って破る、といった大人でさえ思いつかないような取り組みが生まれている。紙の音への興味や、破ることへの意欲とこだわりが強く、集中が持続したことに母親も驚いている。
　Ａちゃんの活動を母親がいつものようにしかって中断せずに、見守ったことも見落とせない。見守るうちに、母親も雑誌破きに加わって、イライラは感じずにＡちゃんの味わっているような、開放感や楽しさを味わうことができた。落ち着いた環境の中で、安心して自己を発揮してこそ、楽しさが共有できるわけである。
　さらに、２人で破いた紙をかけあっているうちに、次々と海や、お風呂のイメージがわき、２人とも夢中になって遊んだ。ここでは、破いた紙を使って遊びこむ中で、母親には段ボール箱を加えよう、という発想が生まれた。段ボール箱に入って、上から紙をかけられることによって、Ａちゃんにはシャワーで髪を洗うイメージやごっこ遊びの芽が生まれたと考えられる。
　雑誌破りといった日常の活動の中にも、数々の探索や、発見、見立て、工夫、発想、楽しさなどが含まれている。こうした子どもの興味や関心に基づく、人やものとのかかわりや遊びの中の学びを大切にしたい。そのためには、親や館のスタッフには、子どもの興味、関心を見守る余裕や、ともに楽しむ遊び心が必要となる。
　現在幼い子どもをもつ親やミュージアムのスタッフの大半は、高度経済成

長以後に育った世代となっている。ミュージアムで子どもとともに展示やワークショップに加わりながら、大人が紙破きや粘土で解放感を味わったり、子どもとともに体験的な遊びをして、遊びのおもしろさを実感することも、ミュージアムでの大きな学びといえよう。

(3) 展示開発の現状と課題は？

マックリーン（Kathleen McLean）は展示開発は成長を続けているとしたうえで、「この分野には明確な専門基準が欠けており、総合的な教育プログラムもほとんど存在しない」という現状を指摘している。そして、具体例としては次の4点をあげている。

- デザインの専門技術はあるかもしれないが、展示の概念をどのようにデザインと結合するかに関してはほとんど知らない。
- 学術的な専門知識を持っているかもしれないが、それについて人々を興奮させ、夢中にさせる方法を知らない。
- 学習理論について訓練を受けているかもしれないが、それを3次元の環境でどう適用するかを理解していない。
- 「展示プランナー」や「展示ディベロッパー」または「教育デザイナー」のような、多分野をカバーする展示の専門家という考え方が出てきてはいるが、伝統的な博物館の世界では、それはまだ完全には受け入れられていない。（マックリーン，2003，p.8より箇条書き作成）

以上の4点は、現在のわが国の現状にも、ほぼ当てはまるものであろう。今後、上述されている展示に関する専門基準や、展示に関する総合的な教育プログラムの充実が望まれることも同様である。

しかし、このような問題はなかなか一朝一夕というわけにもいかないのもまた実状であろう。「時間がない、場所がない、お金がない、人（スタッフ）がいない」とよくいわれるが、実はヤル気がない、という場合も少なくない。

染川香澄は仕事の内容を
・基本的な管理業務に関わる部門

・展示やプログラムに関わる部門
・利用者サービスに関わる部門（染川，1994，p.39）

などに分けている。

　このほかにも各館ごとにいろいろな部門分けや、その館独自の職務等もある。さらに、いろいろな仕事や担当者の分担が混在していて、そのことが日常的な人手不足、協力不足、時間不足感を助長している場合もある。

　こうした場合には、館の主な仕事だけでなく、日常の諸々の業務まで含めた仕事内容と、担当者の意見（困っていること、希望していること等）をあげた上で業務分析をおこなって改善していくことも必要であろう。このとき、展示や来館者に関する業務だけではなく、急な来客や近隣への対応、日用品の購入、ちょっとした補修、草花の世話、文書の整理・保管や処分等々……のようなこまごました仕事もあげるようにする。周りの者があまり気に留めていなかったことが、担当者には大きな負担であったり、担当者が決まっていなかったために放置され、他の大きな流れに支障が出ていることなどが浮かび上がってくる場合がある。

3．体験型展示へ向けて

(1) 幼い子どものための展示開発の必要性

　ミュージアムの展示について検討する場合には、乳幼児は文字が読めないことが前提となる。低学年児の場合にも、文字説明だけによる十分な理解は、難しい。文字についてのこのような特徴は、展示にとって一見、制約とも考えられるものである。

　しかし、体験を通して自分で感じること、体感すること、体験しつつ実感や共感すること等こそが、いまの時代に最も求められているともいえる。文字説明に依存しない体験型の展示を心がけることは、乳幼児や低学年児のみに必要なことなのではない。年長の生徒、保護者、教師をはじめとして来場者すべてにとって必要なことであるといえよう。

　文字説明をとおした概念として理解することの前に、子どもと大人の双方が、自らの五感をとおして実感してこそ、「外国語を日本語に翻訳し直すのでなく、そのままの応答においてコミュニケーションするという、あの態度

に等しいあり方」（本田，前掲書，p.131）が始まるといえよう。

　現状では、その館独自の「展示プランナー」や「展示ディベロッパー」、「教育デザイナー」も存在せず、外部の専門業者に依頼することも難しい場合も少なくない。また、あまりに予算や人員の条件が厳しい場合には、過去の展示等を放置・流用したり、新たな企画を敬遠せざるをえない場合も少なくないという。こうした厳しい条件の中で、展示を担当しているスタッフは、なんとか質の高い、納得のいく展示を模索している。

　文字に頼らず五感に訴える展示を心がけるために、展示やワークショップ担当のスタッフは、五感に訴える素材やしかけ、方法などを熟知しておくことが望ましい。中でも、造形に関する色や形などは応用範囲が広いので、主な事項をあげることにする。

(2) **色と形**

　文字による説明を前提としない展示では、色や形を効果的に扱うことが重要である。特に、幼い子どもたちには、説明よりもまず色や形に接して、その美しさや、不思議さを直接感じることを大切にしたい。このためには、スタッフは色や形についての基本知識を把握し、展示や環境構成、ワークショップ等に効果的に活用していく中で、スタッフ自身の感性も高めていくことが必要であろう。

　最近は、色彩に対する関心が高まっており、色彩に関する書籍も多く、また日本工業規格（JIS）の参考資料も多数あるので、必要に応じて活用することが望ましい。

a．色の基本知識

ア．色の三要素

　色は、色相：色味（Hue）、明度：明るさ（Value）、彩度：鮮やかさ（Chroma）の三つの要素から成り立っている。

　日常生活でも、青空がやがて夕焼けに変わっていくようすや、木の実が徐々に色づくようすなど身近な自然の移り変わりにも、色相や明度、彩度の変化が反映している。こうした生活のさまざまな場面で色の美しさや変化に気づくよう努めることが大切である。

イ．色環

有彩色を色相順に円周上に並べたものを色環という。

木の葉が、緑色から徐々に黄、赤へと紅葉するようすや、柿やみかんが色づくようすなど、自然界には、色環上の色相の変化と対応したものが、少なくない。

ウ．三原色

絵の具や染料などでは赤（マゼンタ）・黄（イエロー）・青（シアン）を三原色（カッコ内は印刷インクの三原色）と呼ぶ。三原色をいろいろな割合で混ぜることによって、さまざまな色ができるが、混ぜれば混ぜるほど濁った色になる。このような混色を減法混色（減算混合）という。色光では、赤・緑・青が三原色であり、すべてを混ぜると白色光となる。このような色光の混色を加法混色（加算混合）という。

絵の具の混色などについては、ワークショップの色水屋さんごっこで、幼い子どもは、赤い色水と青い色水を加えたときに偶然できた紫色をみて「ぶどうジュースができた！」と驚き、混色に興味をもつような場合がある。このように、遊びの中で子ども自身が色の美しさや変化に気づいていく場面を大切にしたい。

色光については、最近はLEDやOHPなどが手軽に扱えるようになった。また劇・影絵のライトやパソコンと連動するプロジェクターなども小型化して扱いやすくなってきている。展示やワークショップ、環境構成などに、色光をもっと気軽に活用することも必要であろう。

エ．配色

色は、配する色によって見え方や、印象が違う。一般に暖色の赤や橙を使った配色は暖かい印象を与え、寒色の青や青緑の配色は涼しい印象を与える。高明度・高彩度色による配色は若々しく軽快な印象を与え、低明度・低彩度色による配色は落ち着いて重厚な印象を与える。また同じ赤であっても、赤と橙や黄による同系色の配色の場合と、赤と緑や青による反対色の配色の場合では、まったく違った印象になる。配色効果には、色の三要素や色面の分量が大きく影響する。

展示や遊具などの配色は館内の雰囲気や、子どもたちの心理にも大きな影響を与え、安全面からも重要な意味をもつので、配色効果について十分考慮

して環境を整えるよう心がけることが重要である。
オ．日本色研配色体系

　財団法人日本色彩研究所が発表したカラーシステムとして日本色研配色体系（Practical Co-ordinate System：略称PCCS）がある。このカラーシステムは、明度と彩度を複合した概念であるトーン（色の調子）と色相による色彩体系である点に特徴がある。PCCSは日常生活になじみやすく、学校教育などに積極的にとり入れられている。

　PCCSに基づくカラーチャートや色票、いろがみなどが手軽な価格で多種類市販されている。このトーナルカラーのいろがみは、配色理論に基づいた効果や、グラデーション的な効果が得やすい。このため、展示やワークショップの内容に合わせて、活用すると、同一、類似、対照のトーンの配色などが自然に体験しやすくなっている。

b．形の基本知識
ア．形の構成要素

　形については素材の種類とは別に、点・線・面・立体（塊）・空間・分割・配置等の視点からとらえることができる。このような視点から館内の環境構成や展示をとらえなおすことによって、日頃とは異なる効果をねらうことが可能となることもある。

　例えば展示スペースが壁面に限られて、変化に乏しく感じられるような場合に館全体を大きな空間としてとらえなおしてみると、新たな発想が生まれる。移動式のパネルやパーティション等の面を増設したり、吹き抜けや、天井からボードや布などを下げて空間を活用することによって、日常とは異なる視線や、人の流れを生みだすダイナミックな効果が生まれる。

　また、点のような細かな素材をたくさん集めることによって、線としての長さや、面としての広がりが表現できる。例えばカッティングシートでつくった点を連続して床や壁に貼ることにより、展示やワークショップエリアへ自然に導く案内表示にすることもできる。

　展示作成や環境構成に当たっては、目的や用途とともに、素材のもつ特性を把握し、どのような形態の構成とするかを検討する必要がある。

イ．構成美の要素

造形的な美しさを感じさせる要素として、リズム（律動）、レピテーション（反復）、グラデーション（階調）、バランス（均衡）、シンメトリー（対称）、アクセント（強調）、コントラスト（対照）などがあげられる。

　例えば同じような形のものを並べる場合に、律動、反復、階調、均衡、対称などの構成美を効果的に活かすことにより、展示や環境から整った美しさや、心地よいバランスが伝わる。また、大きなものと小さなものを並べ、強調や対照などの効果を活かすことによって、展示の意図を強くアピールすることも可能となる。

　色と形の両方の効果を合わせて活用したときに一層効果が高まるので、この両面から検討する必要がある。

(3) ミュージアム・シアターや人形等の活用

　最近、ミュージアム・シアターへの関心が高まっている。『ミュージアム・シアター　博物館を活性化させる新しい手法』によれば、

> 「ミュージアム・シアター」とは、博物館内で行われる「演劇」であり、展示を解説する一つの手段である。展示に関するテーマを取り上げ、俳優が演じることによって、来館者の展示への理解を深めてもらうことを狙っている。（中略）現在ではアメリカの100以上の博物館、水族館、動物園などで定期的に上演されている。（ヒューズ，2005, p.11）

という。演劇は確かに幅広い世代にアピールする力をもった手法の一つである。ことに、1・2歳の乳幼児から親や70、80代の祖父母までの幅広い世代の者がともに来館するミュージアムにとっては、大きな可能性をもつ手法であろう。

　しかし、展示を深く理解し、幅広い世代にアピールすることのできる俳優を常に確保することは、相当に難しい。近隣の演劇やおはなしのサークル、ボランティアなどとの協力を検討することも必要であろう。館内のスタッフの場合には、幼い子どもの遊びや学びへの視点と、演劇的な表現力の育成が課題であろう。

このような現状の中で、手軽に展示への興味、関心を高め、楽しめる手法の一つとして、人形の活用に注目したい。昔から世界各国で、いろいろな種類の人形や人形劇がつくられてきた。人が中に入る着ぐるみの人形や指人形、腹話術人形、あやつり人形などは、テレビやイベントなどでもなじみ深いものである。
　つくり方や演じ方の本などもたくさん出版されている。人形は館や展示の説明、ワークショップでの事前の興味づけ、注意の喚起、場を盛り上げたり落ち着かせる等いろいろな場面で活用できる。館のスタッフが演じるだけでなく、子どもや来館者が演じてもよいだろう。ミュージアムで活用する場合にはその館や展示のねらいに即して検討し、活用することが重要である。ここでは、館内で手軽に制作できるものを紹介する。

ア．なんでも人形
　身の回りのものに目玉や手足をつける。目玉は油性フェルトペンで描いてもよいが、裏に粘着剤のついたシールや手芸用のプラスティック製の目玉等、いろいろ活用できる。日常見慣れたものが擬人化されるおもしろさや意外性がある。

イ．スポンジ人形
　スポンジのやわらかい材質を活かした人形。キッチン用のスポンジなどを切ったり、輪ゴムをかけて形をつくる。底面に穴をあければ、指人形としても活用できる。接着する際には、スポンジ用の接着剤を使用する。クッションやベッド用のスポンジなどを使うと大きな人形や、着ぐるみなども手軽に制作できる。

ウ．手袋人形、靴下人形
　手袋や靴下の形や伸縮する素材を活かした人形。ほとんどの人が、小学校の休み時間などに手袋でつくった人形で遊んだ経験があるのではなかろうか。手袋はそのままでも手になじむので、多少の加工を加えるだけで簡単に指人形などがつくれる。手芸の本などには相当に手の込んだもののつくり方も紹介されているので、使用目的に合わせて、活用するとよい。

エ．その他
　パネルシアター、エプロンシアター、ペープサートなど人形等を活用する

手法がある。つくり方や演じ方については、一般書籍のほかに保育雑誌やCD、ビデオなども市販されているので必要に応じて活用することができる。

なんでも人形1（注1）　　なんでも人形2（注2）　　スポンジ人形・こぶた（注3）

スポンジ人形・かえる（注4）　手袋人形・トリ（注5）　　手袋人形・ゾウ（注6）

4．子どもを迎える環境づくり

　各館で十分な安全管理がなされていることは、当然のことである。幼い子どもたちは大人とともに来館するとはいえ、安全管理には十二分な配慮が必要である。館内外の環境設備、展示物、ワークショップで使用する材料用具等はもとより、自宅へ帰ってからワークショップでおこなったことを子どもだけでおこなっても危険がないかなどについても検討しておく必要がある。

　また、多様な来館者に即して館の設備点検等をおこない、来館者サービスに努めることも必要であろう。例えば、ベビーカーや車椅子での来館に困らないスロープや置き場所の確保、乳幼児のためのベビートイレやおむつ換え用ベビーシート、低い位置の水道や水飲み場、授乳室、活動に参加しない子のための託児サービス等々……。あげだすと際限がないようであるが、ここ

に述べたものは実はデパートやテーマパークですでに実施されているものばかりである。

　幼い子どもたちを対象とした子育て支援施設や児童館では、さらにきめの細かい配慮を実施しており、参考になる点も多い。例えば、荷物の多い子ども連れの外出に配慮して、無料のロッカーを設置したところ、子どもの着替えや飲食物、おんぶ用コートなどをロッカーに入れて、「身軽になって遊べる」「無料なので、下の子の授乳やオムツ換え等に何度でも開け閉めできるのがありがたい」などと、多くの利用者に喜ばれている。

　また、館のスタッフと来館者やボランティア等がどのような連携や協力の体制をつくれるかも大きな課題であろう。例えば、幼い頃の楽しかった体験から、成長してスタッフになる。自分の子どもが生まれたら連れて来て、子どもとともに楽しむ。親としての視点から、館へアイディアを提案する。わが子の手が離れたらボランティアとして参加する等、いろいろなかかわり方がある。

　このように、利用者から参加者へと、みんながつながり、出会う場として、ミュージアムの大きな可能性に夢を託したい。このことは、ミュージアムが、まさに生涯発達としての大きな学びの場であることをも示している。

◆注釈
1. 造花にシールでつくった目や口をつけたもの
2. なんでも人形を使って展示の説明や興味づけに活用。
3. 四角いスポンジの上端に輪ゴムをかけて耳にする。輪ゴムのかけ方でいろいろん動物などになる。
4. 楕円形のスポンジの上端に輪ゴムをかけて目にする。スポンジの下側に穴をあければ指人形にもなる。
5. 風呂用のバスミトンにボタンの目とフェルトの羽をぬいつけたもの。
6. 風呂用のバスミトンに耳や鼻を接着したもの。

◆参考文献
柳治男.(2005).〈学級〉の歴史学.講談社.
本田和子.(2005.5).「子ども―大人関係」の昔と今.勉誠出版.GYROS,2：118-131.
K.マックリーン.(2003).井島真知,芦谷美奈子訳.博物館をみせる　人々のための展示プランニング.玉川大学出版部.
染川香澄.(1994).子どものための博物館―世界の実例を見る(岩波ブックレット 362).岩波書店.
C.ヒューズ.(2005).安井亮,松本栄寿,小浜清子訳.ミュージアム・シアター　博物館を活性化させる新しい手法.玉川大学出版部.
野村知子,中村孝子編著.(2002).幼児の造形―造形活動による子どもの育ち―.保育出版社.

第8章

博物館と学校の
コミュニケーションをひらく
―世田谷美術館の場合―

塚田　美紀

1. はじめに

　博物館と学校の連携。この十数年で急速に関心を呼び、実践報告も蓄積されつつあるテーマである。とはいえ、それらの実践報告の大半は単発の事例紹介であり、ある程度長期にわたるプロジェクトの報告となると数は限られてくる。本章はそうした数少ない報告の一つになるだろう。

　博物館と学校の連携には、さまざまなかたちがある。博物館が少数の学校と深く集中的に活動をおこなう場合もあれば、たくさんの学校と広く浅くつきあう場合もあるだろう。が、どのような場合にせよ、博物館と学校の関係者、つまり学芸員と教師がなんらかのかたちで関係を結ぶ、という場面は必ずどこかに含まれる。「連携」なる事態がどのような内実をもつものとなるかは、この関係のありように影響される部分が大きいように思われる。

　筆者が勤務する東京郊外の世田谷美術館では、20年前の開館以来、地域の公立小中学校の子どもたちを迎える「美術鑑賞教室」という事業が続いている。特に小学校の「美術鑑賞教室」はこの10年でめざましい変化を遂げている。それは学芸員と地域の小学校の教師が、時間をかけて、少しずつコミュニケーションを重ねてきたプロセスの果実である。

　筆者自身は2000年より「美術鑑賞教室」の担当者として、さまざまな教師たちとかかわってきた。本章では、筆者の経験や教師たちへのアンケート調査の結果などから、「美術鑑賞教室」をめぐって学芸員と教師の関係がどのように変化してきたか、その結果、現在どのような動きがみられるのか、そこからどのような展望が得られるのかを考察し、今後の博物館と学校の連携

のありようについて考える手がかりを示したい。

2. 学芸員と教師の関係の変化：「鑑賞教室」をめぐって

(1) 美術館の提案、教師の反応

　世田谷美術館における小学校の「美術鑑賞教室」（以下「鑑賞教室」とする）は、世田谷区教育委員会の要請により始まったものである。小学校（全64校）の４年生が、年に１回当館を訪れることが教育課程に組み込まれている。子どもたちは学校からバスなどで来館し、約90分滞在して帰ってゆく。

　この「鑑賞教室」の実施プロセスで、学芸員と教師が顔を合わせる機会はどれくらいあるだろうか。1986年の開館から10年の間、その機会は「鑑賞教室」の教師向け説明会と、各校の来館時程度であった。が、顔を合わせてもゆっくり話ができたわけではない。説明会にしても来館時にしても、教師たちは、子どもたちの集団をいかに秩序正しく引率し、時間どおりに学校に帰り着くかという段取りを考え実行するのに手いっぱいであり、他方学芸員は、混雑した展覧会場で万一のことが起こらないようにと作品管理に神経をすり減らしていた。10年ものあいだ、「鑑賞教室」という一つの事業にかかわっていながら、学芸員と教師は「鑑賞」について語り合うこともなく、ほとんど没交渉のままだったのである。この状況では、肝心の子どもたちが有意義な経験をしているのかどうかも定かではなかった。

　開館10周年の1996年、美術館側はこの「鑑賞教室」に関して改善策を打ち出した。「鑑賞教室特別プログラム」（以下「特別プログラム」とする）という事前の出張授業を、希望校に対しておこなうことにしたのである。また翌97年からは、来館した子どもたちを数グループに分けて、「鑑賞リーダー」というボランティアが案内するようにした。これらの改善策のうち、学芸員と教師のコミュニケーションに直接的に影響したのは「特別プログラム」である。

　「特別プログラム」の授業をおこなうのは、当館で美術館教育に特化した長期の実習を受ける「インターン」である。彼らは、東京学芸大学の生涯教育研究室が推薦する学部生・院生で、美術に限らず考古学や社会学、国際教育など多様な専攻と関心をもつ学生たちである。インターンらは週に一度美

術館に集まり、「鑑賞教室」の担当学芸員とともに、展覧会の内容に合わせて授業プランを練る。どの作品に惹かれたかという各自のパーソナルで素朴な感覚を出発点にして、その作品世界を五感を駆使して味わえるように、十人十色に工夫してもらう。

美術館インターンの出張授業「特別プログラム」

ところで、世田谷美術館は開館当初より教育普及活動に力を入れてきた館である。活動のテーマは「日常とアート」で、大人から子どもまでさまざまな人が、五感をひらいて、それぞれの日常生活の中にアートの営みを再発見できるよう支援することを使命としている。先に述べた「特別プログラム」作成の方針もこの使命に則ったものである(注1)。

さて、この「特別プログラム」に対して、教師たちはどのような関心を示してきただろうか。図8-1は、1996年から2004年までの「特別プログラム」希望校数の推移を示したものである。図が示すように、2000年を境に大きな変化がみられる。1996年から2000年までの5年間は、年平均22校、全校の3割が「特別プログラム」に申し込む程度であったのに対し、2001年以降は毎年平均50校、全校の8割近くが希望するにいたっている。

前半の5年間は、美術館と学校の双方にとって手探りの時期であった。美術館側ではインターン実習のあり方、「特別プログラム」の組み立て方などを模索していたし、学校側は美術館が学校現場に入ってくることを慎重に見守っていた。ごく初期に教師たちから寄せられたアンケートには、「特別プログラム」に対する肯定的な意見とともに、「話の内容をもっとしぼった方がよい」「もっと子どもにわかる内容に」「ゲーム的な要素をとり入れた指導形態にすれば」など、基本的な内容や技術面での改善を求めるものが多くみられる。

ところで、この期間の「特別プログラム」希望校は、数でみれば全校の3割程度であるが、それは特定の少数の学校しか関心を示さなかった、ということではない。学校名を追うと、毎年さまざまな学校が交代で参入している

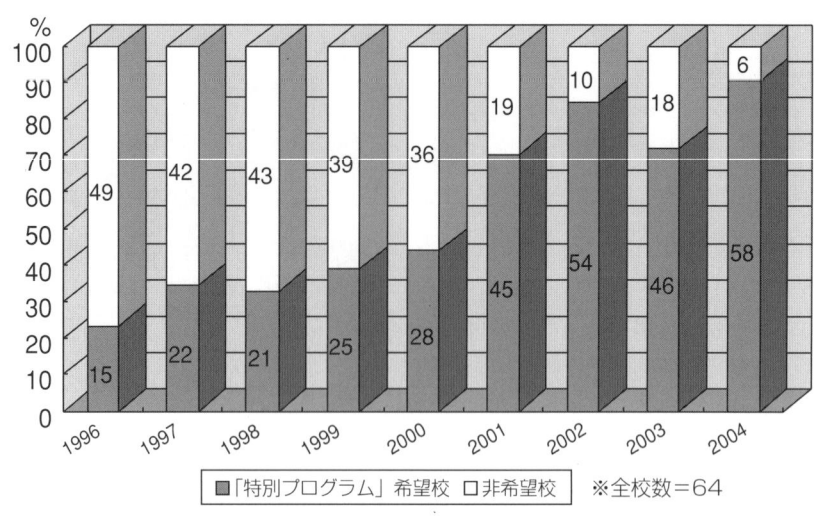

図8-1 「特別プログラム」申し込み校数の推移

（希望校の値：1996年 15、1997年 22、1998年 21、1999年 25、2000年 28、2001年 45、2002年 54、2003年 46、2004年 58。非希望校の値：1996年 49、1997年 42、1998年 43、1999年 39、2000年 36、2001年 19、2002年 10、2003年 18、2004年 6。※全校数＝64）

ことがわかる。5年間では全校の7割もの学校が、少なくとも一度は「特別プログラム」を経験している。その間に教師から寄せられる声には微妙な変化が生じている。「美術館、小学校、大学というかたちでの三者の協力体制はよいと思う。指導内容にも美術館側の姿勢、学校側の考え、若いスタッフの感性がよいかたちで反映されている」といった、あきらかに視野の広がりを示す感想が現れてくる。「特別プログラム」の内容や方法自体も、多様性と自由度を増している。

(2) 関係の変化

このように時間をかけた模索を土台として、2000年には筆者ら学芸員と教師たちの関係を大きく変化させるきっかけがあった。その一つは、「特別プログラム」に関する学芸員と教師の研究会としての、公開授業が実現したことである。さらには、鑑賞者の視点をクローズアップする実験的な展覧会「見る・写す・表わす」展（2001年春）に、計画段階から教師たちを巻き込み、彼らの実践を展覧会に反映させたことも大きく影響を及ぼしている。

a．公開授業

2000年の春、世田谷区の図工専科教師たちの研究会（通称「世小研図工部」）は、その年の研究テーマに「鑑賞学習」を掲げ、美術館の「特別プログラム」

の一つを公開授業として実施してほしい、と提案してきた。2001年度から本格実施される学習指導要領において「鑑賞」の学習が従来以上に重視され、地域の美術館の利用が奨励されたことを背景に、美術館の「特別プログラム」を個々の学校内で消化していくだけでなく、まさに"公にひらいて"検討す

公開授業（2000年）

ることを教師たちは望み始めたのである。

　同年の夏、約20名の教師が集まる合同研究会で、公開授業はおこなわれた。古代メソポタミアの人々の生活に焦点を当てた「メソポタミア文明展」に向けての、「メソポタミアの書記官になろう」という授業である(注2)。授業プランは美術館側が作成し、それを図工部代表の教師たちと綿密に共同検討したものであった。

　この公開授業は、学芸員と教師がまとまった意見交換をする初めての機会になった。授業後の協議会では、筆者ら学芸員は「特別プログラム」作成の基礎にある、当館の教育普及活動の理念を改めて示すことができたし、教師たちもまた予想以上に活発に授業に対する感想やアイディアを提案したのである。

　公開授業の反響はこの年のアンケートにも現れている。特筆すべきは、公開授業に触発されて自分の学校でも授業をしてみた、と報告する学校が6校もあったことである。これは全校の1割に当たる数である。いずれの学校の教師も、公開授業のためにインターンが作成した資料（「王様と書記官の物語」、「くさび形文字解読表」など）を活用していた。

　美術館に対する感情にふれた記述からは、あきらかに好意的な教師のまなざしが感じとれる（[　]内は筆者）。

> 「展覧会はもとより特別プログラムへの関心が高まりました。今後も続けていきましょう。授業者の感性に刺激されています」
> 「[特別プログラムの]イメージがわいた。美術館側の準備がしっか

りしていたので安心してまかせられると思った」

　このように「特別プログラム」に対する期待や安心感が記され、継続への意欲を示すものがあった。さらに重要なのは、「［教師と学芸員］双方の考えを出し合い授業案を練り上げていくことができたことが何よりもよかった」といった感想である。この感想が示しているのは、「特別プログラム」は美術館側が一方的に学校に持ち込むものではなく、「双方の考えを出し合」う、教師も積極的に関与できる共同作業の機会なのだ、との実感を教師たちが得られたという事実であろう。公開授業は、美術館に対する基本的な信頼感、それをふまえた美術館との共同作業への期待を、大勢の教師が同時に共有し得た場として機能したのである。

b．「見る・写す・表わす」展における共同作業

　公開授業をきっかけとする学芸員と教師のコミュニケーションは、翌2001年春の「見る・写す・表わす」展における共同作業の実現によっていっそう深まった。「見る・写す・表わす」展は、世界を見つめ、写し、表現するというアートの営みを再考することを目的にひらかれた、実験的な展覧会である。この展覧会はまた同時に、アートをみる者＝鑑賞者を、展覧会を完成させる重要な存在としてとらえ、会場の各所には、来館者が自らの意見や感想を表現できる仕掛けを設けた。こうした仕掛けをつくるに際して、筆者は「特別プログラム」に強い関心をもつ教師たちに呼びかけ、展示作品を用いた教師独自の鑑賞の授業を学校でおこなってもらい、そこで生まれた子どもたちの多様な表現や授業風景を、展覧会場で紹介したのである。

「見る・写す・表わす」展会場（2001年）

　これらの試みについてはすでに報告してあるので詳細は省くが(注3)、「鑑賞教室」という一事業を超えて、展覧会というより大きくパブリックなプロジェクトで教師たちと共同作業できた意義はきわめて大きい。展覧会の受け手であると同時に作り手でもある鑑賞者、という位置を実際に設定し経験す

ることで、筆者ら学芸員も教師たちも、鑑賞という行為の豊かさと可能性に改めて目をひらかれた。なおこの共同作業は、展覧会の図録というかたちとしても残され、現在も参照することができる。

　このように2000年から2001年にかけて、筆者ら学芸員と教師たちのコミュニケーションのあり方は大きく変化した。公開授業をとおして、教師個々人のレベルにとどまらず集団的なレベルにおいて美術館に対する信頼が生まれ、また展覧会といういっそう公的な性格のプロジェクトを媒介にすることで、筆者ら学芸員と教師たちの間には新鮮な連帯感と責任感も生まれている。このことが以後の「特別プログラム」および「鑑賞教室」全体に対する、教師たちの関心の高さを維持させていると思われる。なお、公開授業はその後恒例化し、美術館と学校の実質的な意見交換の場として現在も機能し続けている。

3．教師自身による「鑑賞教室」へのアプローチ

(1) 教師自身による「鑑賞教室」のための授業

　「鑑賞教室」に関する美術館からアプローチを受けとめつつ、教師たちは学校でどのような動きを展開しているのだろうか。

　先にふれたように、公開授業をきっかけに、「鑑賞教室」に関する授業を自身で試みる教師が登場していた。美術館としては、こうした教師の自主的な動きを支援し広げることも重要である。そこで2001年からは、美術館からの"出張"授業だけでなく、教師自身による授業としての「特別プログラム」を設定した。これは毎年"出張"を希望する学校に対し、3年に1回は教師自身で授業を試みるように呼びかけるもので、対象校は全希望校の2〜3割程度に当たる（図8-2）。

　2001年は、対象の9校に対し、その年の公開授業で実施した授業プランと教材をそのままパッケージ的に提供した。展覧会の内容が教師たちにとってやや取り組みにくいと感じられるものであり、その不安感からパッケージを求められたという経緯があってのことである。

　翌2002年の夏から秋にかけて開催された「ジョアン・ミロ展」は、教師たちの関心が高い展覧会であった。そこで夏休みの1日、公式の研修として教

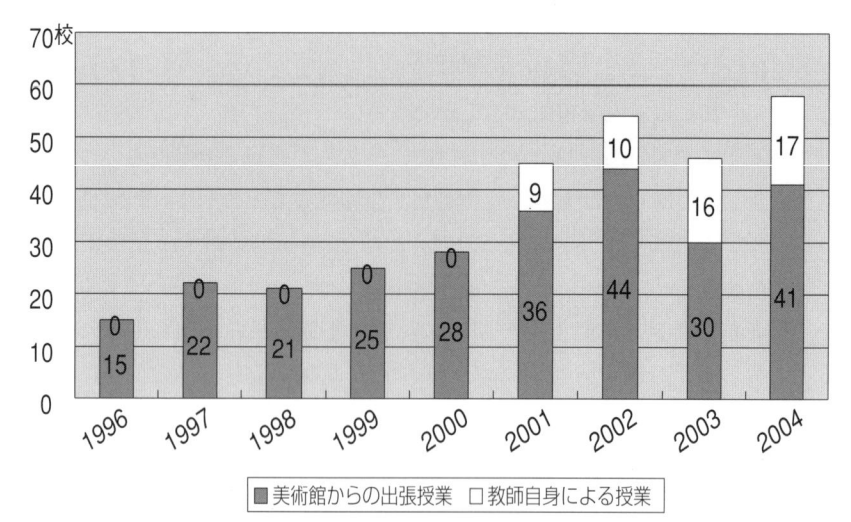

図8-2　教師自身による「特別プログラム」

（グラフ：■美術館からの出張授業　□教師自身による授業）
- 1996: 15, 0
- 1997: 22, 0
- 1998: 21, 0
- 1999: 25, 0
- 2000: 28, 0
- 2001: 36, 9
- 2002: 44, 10
- 2003: 30, 16
- 2004: 41, 17

師たちに美術館に集まってもらい、展覧会をみながらどのような授業が可能かをディスカッションし、授業で使いたい作品図版の資料を各教師から聞き取って後日配布した。

　各校での授業実施後、再び美術館を会場としておこなわれた報告会は、教師たちのさまざまな取り組みが紹介されただけでなく、それらの取り組みと美術館側のアプローチとの違いがあきらかになったという点でも、興味深いものであった。

　教師たちのおこなった授業は、ミロの作品を、子ども自身の作品制作のヒント、出発点として扱う傾向が強かったといえる。それに比較すると美術館の「特別プログラム」は、同じく造形的活動を含むものであっても、その活動はミロの作品と対話するためのものとして位置づけられている。例えばある教師は、「4年生といえばまだまだ具象的な作品への意識が強いころですが、抽象への入り口としての作品づくりになればと考えます」として、ミロの作品にみられるような「表情のある線と、意味をもたせた点」を意識しながら任意のテーマで作品をつくる授業をおこなっている。

　一方、美術館の「特別プログラム」では、不思議な生き物が飛び交うミロの作品図版を数点示して、その世界にうまく入り込めるような自分の分身を

描いてみる、という授業をおこなった。ミロの作品とじっくり向き合い、作品全体から醸し出される空気、気配を感じることを大切にしながら制作を進める授業であった。

こうしたアプローチの違いは、子どもの造形活動の支援を日常とする学校と、子どもが展示作品にふれるのをサ

教師自身による取り組みの発表（2003年）

ポートする美術館という、それぞれの場がもつ独自の文脈からもたらされるものであろう。2002年以降は、このような文脈や視点の違いをふまえて、美術館の「特別プログラム」を公開するだけでなく、教師自身による授業の成果を検討しあう場も設定し、「鑑賞教室」をめぐってより多様なアプローチを開拓することを試みている。

(2) 「鑑賞教室」終了後の活動の展開

「鑑賞教室」を体験して学校に戻っていった子どもたちのその後については、筆者ら学校外の人間はなかなか見届けることができない。それゆえ、教師たちのアンケートから「鑑賞教室」終了後の展開を読み取ることはとりわけ興味深い。この節では、「鑑賞教室」の後、学校でどのような活動が展開しているかをみていくことにしたい。

2000年以降のアンケートでは、「鑑賞教室」終了後になんらかの関連する活動をおこなったかどうかを教師に尋ねている。図8-3は、その設問に対する答えを、活動を「おこなった」「おこなわない」「未記入」の3種に分類して示したものである(注4)。

図8-3からあきらかなように、どの年度も、回答を得られた学校の半数以上から7割近くがなんらかの活動をおこなっている。次の図8-4は、そうした活動を「おこなった」と答えた学校を、「特別プログラム」を受けたか否かに分けて示したものである（いずれも表中の数字は学校数を示す）。美術館の「特別プログラム」を受けた学校のほうが、そうでない学校よりも、あきらかに多く事後の活動を展開していることに注目したい。

では「鑑賞教室」終了後の活動とは、具体的にはどのような内容のもので

図8-3 「鑑賞教室」終了後、関連のある活動をおこなったかどうか

図8-4 「鑑賞教室」に関連する活動をおこなった学校の内訳

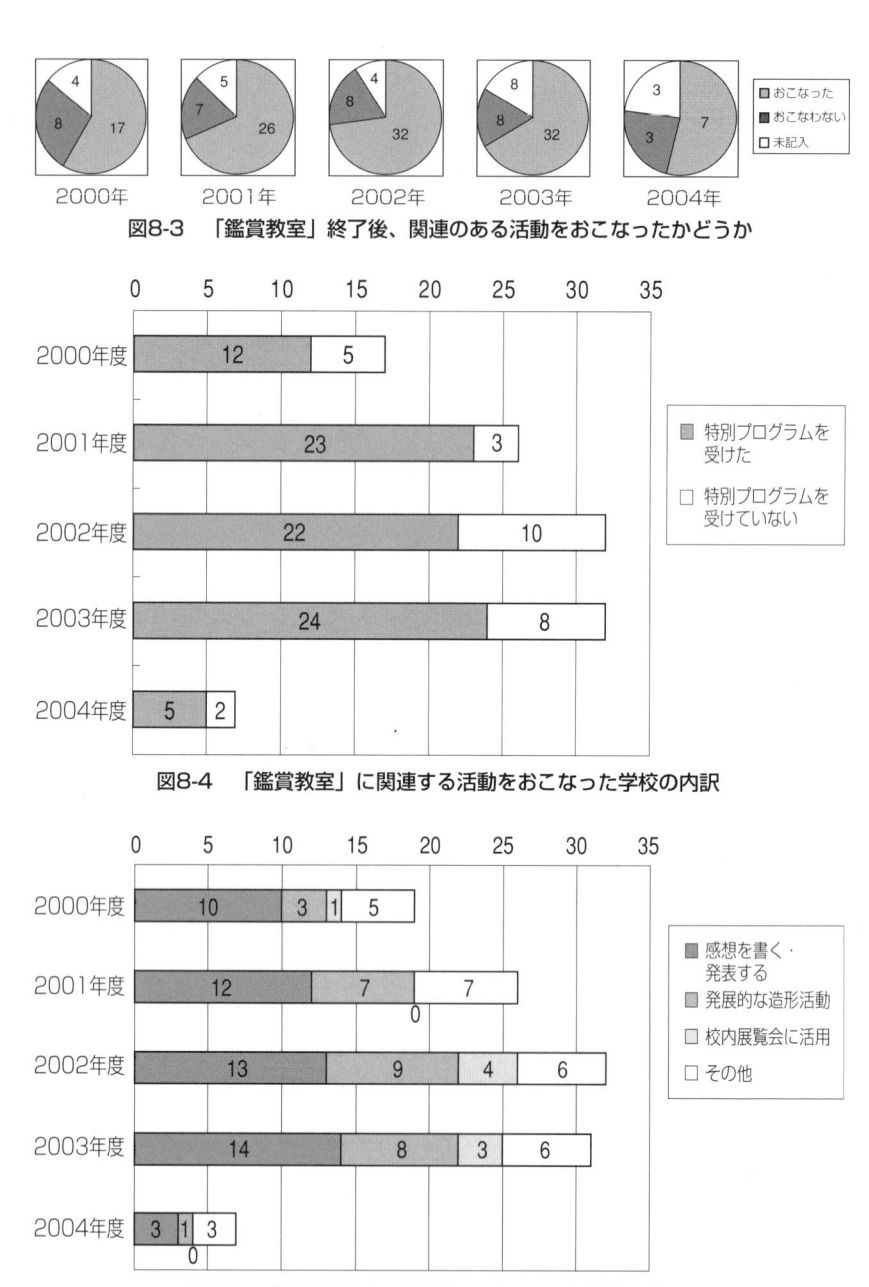

図8-5 「鑑賞教室」に関連しておこなった活動の内訳

あろうか。図8-5は、活動を「おこなった」と答えた教師の記述内容を、「感想文を書く・発表する」「発展的な造形活動」「校内展覧会に活用」「その他」の4種に分類して示したものである。

鑑賞リーダーと子どもたち（2003年）

「鑑賞教室」終了後におこなわれた活動のうち、どの年度も最も多いのは「感想文を書く・発表する」というものであった。これらの中には、「特別プログラム」で授業をしたインターンや、美術館で案内役を務めた鑑賞リーダーに対する礼状という形式で感想を書く例も少なくない。そのような礼状としての感想文（絵手紙などのように、挿絵が添えられていることもある）がきっかけとなって、インターンや鑑賞リーダーと子どもたちの間で文通が始まる場合もある。これは美術館と学校の連携という枠を超えて、美術館を仲立ちに子どもと大人が交流を結ぶということである。ささやかながら新しい社会的関係の発生が、ここにはみてとれる。

「感想を書く・発表する」に次いで多いのが「発展的な造形活動」と呼びうるものである。なおこのカテゴリーに入る活動をおこなった学校のほとんどは「特別プログラム」を受けた学校である。特に、「特別プログラム」がなんらかの造形的な活動を含む場合、その活動内容を活かしつつ、「鑑賞教室」でみた展覧会の作品やテーマに関連した新しい活動に展開させることがある。二つの例をあげる。

a．2002年「ジョアン・ミロ展」
　　美術館：ミロの作品に入り込めそうな、自分の分身を描く。
　　教師による活動：「ミロの世界」のイメージを立体で表現してみる。
b．2002年「韓国大衆文化展」
　　美術館：韓国・日本でそれぞれポピュラーな菓子・缶詰等のパッケージのデザイン、色などを比較し、共通点と差違を探す。
　　教師による活動：街の飲食店の看板の色などに注目しながら、「身近な街の色」を撮影する。

三つ目の「校内展覧会に活用」とは多くの場合、「特別プログラム」の造形活動の結果に手を加え、"作品"として校内展覧会に出品した事例である。
　最後の「その他」であるが、ここに分類した活動はその多様さにおいて興味深い。以下に例を列挙する。

ア．「特別プログラム」の内容を、他の学年の授業でアレンジして試みた（2000年）。
イ．校内の他の職員に展覧会をみるよう勧めたところ、何人かが足を運んだ（2000年）。
ウ．授業参観、学期の初めと終わりの保護者会などで保護者に美術館・展覧会の紹介を続けている。多くの児童が親に連れて行ってもらっている（2001年）。
エ．学芸員から学校の近隣のギャラリーを紹介してもらい、複数の学年の子どもたちを連れて行った（2001年）。

　「その他」に分類した活動の多くは、「感想」や「造形活動」のように「鑑賞教室」に直接かかわった子どもたちを対象とするものではない。しかし、ア．イ．ウ．にみられるように、他学年の子ども・同僚・子どもの保護者など、いわば同心円を広げるようにして幅広い関係者に対して教師自身が働きかけている点が重要である。なお、エ．にある「学校の近隣のギャラリー」の関係者は、訪れた教師と子どもたちとの交流を一つのきっかけとして、現在は鑑賞リーダーとして当館で活躍中である。これは学芸員と教師だけでなく、地域の方も含む確かなネットワークが結ばれつつあることを示す一例でもある。

4．おわりに――新しい試みと展望

　以上みてきたように、「鑑賞教室」に関連して、近年は教師たち自身による多彩な活動が生まれている。これらのほか、「鑑賞教室」という枠組みを超えて独自に展開しつつある活動もある。そのように独立したプロジェクトとして最近始まったものとして、教師の発案による「区内在住作家のアトリエ訪問」（2002年～）、筆者ら美術館側による教師向け講座「ミュージアム・セッション」（2003年～）について紹介しつつ、博物館と学校の連携の今後

について考えてみたい。
(1) 教師からの提案——区内在住作家のアトリエ訪問

　世田谷区にはさまざまなアーティストが住んでいる。そもそも世田谷美術館ができたのも、そうした地域特性が背景にあってのことであったし、美術館の一般向けワークショップとして、区内に住む作家のアトリエを訪ねるという企画も過去にはあった。一方、教師たちも、自らの研修の一環として、区内在住の作家たちに学びたいと長らく望んでいた。2002年の公開授業の折、筆者らはそうした教師の声を聴き、アトリエ訪問という枠組みを、教師たちのために復活させることにしたのである。

　大勢の教師の来訪を受け入れる作家は限られているが、これまでのところ、桑原盛行、横尾忠則、絹谷幸二、船越桂など、さまざまなジャンルの作家のアトリエ訪問を美術館側がコーディネートしている。

(2) 美術館からの提案——教師向け講座「ミュージアム・セッション」

　近年、学校制度は大きく揺らいでおり、その影響を最も直接に受ける学校の教師たちは著しく多忙化し疲労している。多くの教師は自己研鑽もままならず、広い視野のもとで別の視点から教育やアートについて考えをめぐらす機会も少ない。教師たちとかかわるなかでこのように察した筆者は、2003年より「ミュージアム・セッション」という教師向け講座を夏休みに開催し始めた。

　美術館を、広い意味でのアートに関する教師たちの学びの場として機能させることをめざし、美術館そのものに親しみながら五感を解放させるワークショップ、展覧会についてより深く学ぶレクチャー、教育学者などを招いて子ども・アート・教育について語ってもらうゲスト・トークなどを織り交ぜた、2日ないし3日にわたる講座である。図工の教師に限らず、学校教育関係者一般を対象として開催している(注5)。「ミュージアム・セッション」の開催はまだ3回を数えるに過ぎないが、家庭科や音楽の教師で常連化しつつある方がみられるのが興味深い。今後のアートの教育にかかわる教師を幅広く掘り起こす作業にはまだまだ時間が必要である。

(3) おわりに

　このようにして、世田谷美術館と地域の学校の関係は徐々に変化し、新し

い活動を試みながらコミュニケーションが進められてきた。そのプロセスをふりかえると、それら多様な試みはある種のパブリックネスの獲得——共同作業の実現と公開、地域への活動の展開、また多様な人々の参入を特徴としているように思われる。公開授業で信頼関係を結び、展覧会という大きなプロジェクトでの共同作業を一般に公開することによって、美術館も学校もそれぞれの領域から一歩踏み出した。アトリエ訪問は地域の特性に沿った活動の展開である。

　そして、美術館と学校の関係が変わりえたのは、なによりもインターンや鑑賞リーダーという多様な人々が美術館に参集したことに大きく負っている。本章では鑑賞リーダーについてほとんど言及できなかったが、彼らの存在も教師たちの認識に影響を及ぼしている。鑑賞リーダーという、教師でない大人——しかも彼らの年齢と人生経験の幅はきわめて広い——が子どもたちを案内するのをみることで、教師たちはふだん学校で目にすることのない、子どもたちの新しい表情を発見し、そこからも「鑑賞教室」の意義を改めて確認しているのである。一例だけ、教師の感想を記そう。

> 「初めて出逢う方と初めて見た作品について語り合う活動の良さを、子どもたちから発見しました。好き勝手に発言する子、緊張して何も話せない子、子ども好きなリーダー、なかなか歯車がかみあわないリーダー。お互いに新しい出逢いがあり素晴らしいと思います。」

　インターンの育成も鑑賞リーダーの導入も、「鑑賞教室」における子どもたちの経験をより豊かにすることを目的に始めたものであった。そしてそれは同時に、インターンや鑑賞リーダーという、美術館を支える人々の学習と活躍の機会をつくることでもあった。美術館がこうした多様な「ひと」を抱え得るキャパシティを獲得していくことと、学校という異なるシステムとのコミュニケーションを密にしえたことは、おそらく切り離しては考えられないのである。

　博物館と学校の連携の今後を展望するとき、このような多様性——豊かなる雑多さ——は、一つの重要なキーワードになるように思われる。博物館と

学校が連携する、学芸員と教師が関係を結ぶ、そのときさまざまな意味での雑多さを抱え込むことが、ともに豊かになる途をひらくのである。

◆注釈
1. 学校に対して「特別プログラム」を実施することだけでなく、そのためのインターンを養成すること自体も一つの教育普及活動である。大学等の高等教育機関でミュージアム・エデュケーションを教えるコースは未だ存在しない。そうした状況を憂慮して、大学と連携しながら美術館という現場で人材を育てることがインターン実習の大きな目的である。
2. 古代メソポタミアの「王様と書記官の物語」を聴いた後、「くさび形文字解読表」をもとに粘土にくさび形文字を打ってみる。「物語」も「解読表」もインターンのオリジナル教材。
3. 拙稿「鑑賞教育の可能性をさぐる」(佐藤・今井編, 2003)を参照されたい。
4. 各年度のアンケート回収数と全校に対するその回収率は以下のとおり。2000年度：35校(54.6%)、2001年度：38校(59.3%)、2002年度：57校(89.0%)、2003年度：49校(76.6%)、2004年度：13校(20.3%)。2004年度は諸事情により17校にしかアンケートを配布しなかったため、回収数・率が他の年度よりも低くなっている。
5. ゲスト・トークは講演記録として刊行している(非売品)。2003年は佐藤学氏(東京大学大学院教育学研究科教授)、2004年は岩崎清氏(ギャラリーTOM副館長)をゲストに迎えた。

◆参考文献
佐藤学, 今井康雄編.(2003). 子どもたちの想像力をはぐくむ　アート教育の思想と実践. 東京大学出版会.

第9章

博物館の学びとは

小笠原　喜康

1．いま求められる学びの姿——学校学習からの脱却

(1)　いまなぜ博物館教育なのか

　ここ数年、博物館が大きく変わってきている。その変わり様は、暗いイメージのそれまでの博物館とはまったく違う。この変化はなぜ起こったのか。それは、教育普及へのまなざしが、それまで以上に強くなったからである。もちろん教育普及は、これまでも博物館の重要な機能とみなされてきた。これまでも博物館にかかわる人々のさまざまな試みが重ねられてきた。展示の方法、デザイン、教育プログラムの工夫など、一般にはあまり気づかれてはこなかったものの、その改善の努力は重ねられてきた。

　実際、現在の博物館の学びには実にさまざまなスタイルがある。おそらく博物館は、今日のあらゆる教育機関の中で、最も多様な学びを提供している施設だろう。ワークショップあり、講義あり、講演あり、e-learningあり、資料室・図書館あり、ワークシートあり、観察あり、実験あり、見学あり、体験あり、ミュージアムショップありと、実に多様である。考えられるありとあらゆる学習形態が、博物館での学びにとり入れられている。確かに学校教育に比べると、その被教育者の人数や総学習時間数においては見劣りするかもしれない。しかしその多様性、その広汎性という面においては、他の教育施設をはるかに凌いでいる。この点は、誇るべきことだろう。

　しかしこうした努力にもかかわらず、博物館そのものの存在意義が行政担当者にも市民にも十分認識されてきたとはいいがたい。そのため、建物は建てるものの、肝心の人的措置や研究・保存・普及にかける予算はほとんど邪

魔者扱いされることも多かった。博物館という施設が、社会の進歩に寄与する力への理解をもてず、単なる金食い虫ぐらいにしか思わない文化度の低い首長も、いまだ決して珍しくはない。それにもかかわらず、近年になって、急に教育普及への要求が強まってきた。

ではなぜ教育普及が重視されるようになったのか。それには、一般に次のような理由がいわれている。

ア．長引く不況で、公立館を中心に予算が厳しくなり、館の存在意義を示す必要がでてきた。

イ．1999年6月に衆議院で可決された「独立行政法人通則法」によって国立博物館の独法化が決まり、館の自立経営が問われるようになった。

ウ．学校が週5日制になって、土曜日・日曜日の子どもたちの活動場所の一つとしての役割を期待されるようになった。

エ．1998年発効の新しい『学習指導要領』により2002年から始まった「総合的な学習の時間」への援助を学校から求められるようになった。

これらの理由はここ数年の間に、どれもはっきりと目にみえる形で博物館関係者の前に立ち現れてきた。これらは、より直接的理由であるが、そのほかにもいくつもの間接的な理由があるだろう。例えば、いわゆる「箱モノ行政」に対して、市民の厳しい目が向けられるようになってきたことも理由の一つとしてあげられるかもしれない。自分たちの町に、なぜ博物館が必要なのかという市民の視線は、よくいえば、市民の民度が向上し、それだけ博物館への要求が高まってきたともいえる変化である。

博物館をとりまくこうしたさまざまな環境変化が、今日の博物館の変化をもたらしていることは確かである。だがしかし、こうした今日の変化の背景には、もう少しベーシックな歴史的な流れがあると思われる。それには二つの問題がかかわっている。一つは、近代学校の行き詰まりである。そしてもう一つは、産業主義社会から知識産業社会への転換である。どちらも、よくいわれるところの"ポスト・モダン"の流れの問題である。次節から、この問題を考えてみよう。

(2) 「近代学校」の行き詰まり

「近代学校」というのは、日本でいえば、明治以降の公教育を指す。西欧

明治に建てられた松本・開智学校

においてもその歴史は浅く、始まったのは日本とほとんど変わらない。日本に限らず、ほとんどすべての子どもが小学校以上の教育をきちんと受けられるようになってから、まだ100年にも満たない。しかしその程度のものでしかないにもかかわらず、この制度が現代社会の成立に果たした役割は、あまりにも大きい。これをなくして、今日のさまざまな発展はありえなかったろう。しかしそれほどに重要な働きをなしてきた「近代学校」ではあるが、早くもその行き詰まりが明らかになってきている。

では、「近代学校」の行き詰まりとはなにか。それには、二つがある。一つは、学校が魅力ある知識の場ではなくなったという問題である。そしてもう一つは、学校の学びそのものが現代に合わなくなってしまったという問題である。

学校は、出発の当初、地域の文化センターであった。学校の先生は、村の外からやってきた新たな知識の体現者であった。その教える内容は、それまでの手習いとは大きく異なっており、世界と人間の英知への窓を開いてくれるものであった。しかし国民のすべてが学校に行くようになり、とりわけ戦後、誰もが後期中等教育を受けられるようになり、さらには高等教育にすら進めるようになると、学校と先生の地位は相対的に低下することになった。親よりも先生の学歴が低いということも珍しくなくなった。皮肉なことに公教育の完成が、公教育の価値を低めてしまう結果となってしまったわけである。

しかし学校の地位を低下させた要因は、さらにもう一つあると思われる。それは、コミュニケーション手段の発達である。20世紀を特徴づける一つには、マスコミニュケーションの発達があげられる。新聞から始まり、ラジオ、映画、そしてとりわけテレビの発達は、社会を一変させた。日本でいえば、とりわけ戦後、マスコミの自由度が上がり、放送も解禁されるようになると、人々の情報獲得手段は飛躍的に拡大することになった。そしてもちろん今日

では、膨大な情報量をもつ"インターネット"がある。

　こうした情報獲得手段の拡大は、相対的に学校と先生の地位を低下させている。学校で学ぶ知識は、すでに古くなったものでしかなく、その上実生活で役に立ちそうもないものでしかない。それに対してラジオやテレビは、時々刻々新しい情報を提供してくれるし、インターネットは、すぐに役立つ知識をたちどころに提供してくれる。携帯電話は、仲間との情報交換・つどいの場を提供してくれる。こうして「近代学校」は、すっかり魅力ある知識の場ではなくなってしまった。

　もう一つの問題、学校の学びが現代の状況に合わなくなってしまったという問題は、さらに深刻かもしれない。というのもこの問題は、単に学校で知識を獲得する必要性が相対的に下がったということを超えて、学校そのものが魅力を失うことにつながるからである。しかも学校が現代に合わなくなった状況は、二重的である。一つは「学校というシステムが合わなくなった」ということであり、もう一つは「学校知が合わなくなった」ということだからである。

　「近代学校」の特徴は、時間という枠でしばって同じ内容を学習させるところにある。具体的には、時間割と教科書を使っての教育である。これの利点は、教科書というメディアによって同じ内容を一斉に計画的に学ばせることができるという点にある。個人の興味やペースに関係なく、計画された時間内に大勢の学習を指導できる。それは、「効率」という面において、優れたシステムである。

　しかしこうした特徴は、そのまま問題点でもある。このシステムでは、基本的に個人の興味やペースが無視されるため、学習への興味や動機が失われたり、それらが学習内容以外のものに支えられるという問題を生むことになるからである。中でも将来において約束されるはずの「人生における成功」という学習内容以外での動機づけは、「近代学校」を支えてきた第一のものであった。いわゆる「立身出世」のシステムとしての役割を「近代学校」は、担ってきた。

　ところがこの最も重要だと思われてきた「人生における成功」という動機づけが、今日急速に色あせてきた。前述したように、「近代学校」が始まっ

て100年にしかならないのに、このシステムの普及は、技術革新と経済発展を支え、豊かな生活を人々にもたらした。その結果人々は、皮肉なことに物質的豊かさのみならず、社会的な成功というものにも大きく動機づけられなくなってしまった。「末は博士か大臣か」などというフレーズは、とっくの昔に死語になってしまっている。今の人々が求めるのは、「自分らしさ」である。「人生における成功」「立身出世」というイメージを提供することで支えられてきた「近代学校」というシステムは、こうして現代の状況に合わなくなってしまった。

こうした状況は、次の問題「学校知が合わなくなった」という問題につながっていく。この「学校知が合わなくなった」という問題は、人々がお仕着せの学びから「自分らしさ」の学びを求めるようになったということばかりではなく、さらにその背景に産業構造の変化からも起こってきている。これは、これまでの教育を含めた社会のあり方を大きく変える問題である。そこでこの問題は、項を改めて考えてみよう。

(3) ポスト産業主義時代の博物館の学び

19世紀に誕生した「近代学校」は、時代の要請に応えるものであった。19世紀そして20世紀と、欧米諸国は産業革命を経て産業主義の時代を歩んできた。この時代には、工場で働く没個性的な労働者が求められた。しかし今日の社会は、すでにその時代を終わっている。これが、いわれるところの「ポスト産業主義時代」である。では、この時代にはどのような人間が求められるのか。そしてそのことに博物館はどのようにかかわるのか。

この問題を考えるために、資本主義の発展段階を明快に説明する岩井克人の資本主義の3形態についての論をみてみたい。岩井は、その著『会社はこれからどうなるのか』（平凡社，2003）において、資本主義を歴史的に三つに分けてみせる。それは、「商業資本主義」「産業資本主義」「ポスト産業資本主義」の三つである。

「商業資本主義」は、ある地域で安く仕入れたものを別の地域にもっていって高く売るという形態の産業である。シルクロード交易にみるように、これは古代よりおこなわれ、現在でもおこなわれている最もベーシックな産業形態である。そして次の「産業資本主義」は、都市に工場を建設して、地方

からそこで働く労働者を集めて従事させ、生産したものを売って利潤をあげるという産業革命以来続く産業形態である。資本を投下して工場という有形資産を築き、そこで低賃金で労働者を働かせることができれば、それだけ利潤があがるというシステムである。このシステムでは、「商業資本主義」に比べて、盗賊や嵐の心配をする必要がなく、安定した計画的利潤の追求が期待できる。

　しかしこれら二つは、形態は違うが、実は同じあるものを利用して利潤をあげているという。それは、「地域差」である。「商業資本主義」では、ある物品に対する地域による価値の差を利用して利潤をあげる。胡椒や絹がその典型である。それに対して「産業資本主義」では、地域による賃金格差を利用して利潤をあげる。農村から労働者を集め、低賃金で働かせることで、高利潤をあげることができる。日本でも戦前・戦後を通じて、工場を支えたのは貧しい農村からの労働者たちであった。しかし今日、日本でも欧米先進諸国でも、格差のある農村を抱えてはいない。そこで利潤をあげるために、各国こぞって中国などに工場を移してくることになった。中国は、まだ大量の農村人口を抱えているからである。

　こうして日本も1970年代を境に、「ポスト産業主義」時代を迎える。この時代は、別に「知識産業」とか「情報産業」時代と呼ばれるように、利潤を生みだす製品は、形のない知識・情報・ソフトといったものである。岩井は、これから本格化する「ポスト産業資本主義」の時代には、差異的な情報が利潤を生みだすという。他とは違う差異的情報を生みだす企業が利潤をあげることになる。

　では、このような時代には、どういった人間、どういった能力が求められるのだろうか。「商業資本主義」の時代は、遠方に旅をして物品を運ぶことにともなう能力が必要とされる。それは、航海術であり、自分が送りだした船が嵐で遭難して財産をなくしてもくじけず再起をはかったり、長い旅路を耐え抜く不屈の心身であった。しかし「産業資本主義」時代となると、時間に遅れずに工場にやってきて、指示されたことを黙々とこなす道徳的態度が求められる。そして、規格製品を作るための工場では、製品と同じく人間も規格品でなくてはならない。こうしてこの時代を支える「近代学校」は、フ

ーコー（Michel Foucault）の述べるごとく「一望監視システム」のもと、規格品人間の製造にいそしんできた。

　だがしかし、今日の「ポスト産業資本主義」の時代では、新しいアイディアやデザイン、そして情報をつくりだし、新しい商売の方略を考えだしていける人間が求められることになる。人まねではなく、独自のアイディアを生みだす人間や企業が、大きな利潤を生む。したがってこの時代には、大きな工場や原材料というものがあまり必要なく、むしろそうした知識を生みだす能力のある人間の育成と確保が問題となる。

　今日では、明らかにこうした「知識産業」の時代に入っている。コンピュータのソフトウェアは、特に大きな工場も低賃金の労働者も必要としない。マイクロソフト社は、その典型例である。売っているのは、モノとしては唯のディスクである。しかしそこに記録された情報は、その巧みな独占的商売方法によって、膨大な利益を生み続けている。あるいは、音楽の生活スタイルを一変させたアップル社の"iPod"のような場合もある。そこには、特別に新たな技術はない。あるのは、発想の転換だけである。しかしそれは、膨大な利潤につながった。

　こうした動きは、単なる「もの作り」ではなく、アイディア勝負の時代を象徴している。しかしこうしたアイディアは、すぐにまねされてしまい、時間とともに利潤が下がっていく傾向がある。そのため、産業資本主義時代のように一つのヒット商品で10年以上も寡占状態を続けていけるという時代ではなくなってしまった。

　したがって、こうした時代には、次々と個性的なアイディアを生みだすことのできる人間が求められることになる。しかし日本では、「ポスト産業資本主義」の時代にとっくに入っているはずなのに、人々の教育に関する考え方が、依然として「産業資本主義」時代のままであるように思われる。それを端的に示したのが、「ゆとり教育批判」であった。

　「ゆとり教育」とそれを支える「新学力観」では、横並びの同一学力の形成ではなく、一人一人の個性を育てることが目ざされた。そして、一人一人が違った学力を追求できるようにと、個人の探求学習を中核とする「総合的な学習の時間」が設けられた。しかし、これへの反発は大きかった。とりわ

け理数系を中心に、日本の科学技術立国の存亡の危機であるといった反発が沸き起こり、強い揺り戻しの論が勢力を強めた。その学力観は、「近代学校」以前に戻った観がある。読み・書き・算の基礎学力をしっかり身につけてこそ、その上の独創性が生まれるという旧態然とした論のもとに、探求的学習を排除する動きが強まった。

確かに、基礎的な知識というものは、理屈抜きで覚え込まなくてはならないところがある。2×2＝4の意味を知らなくても、どうして水の沸点が100度であるのかを知らなくても、ともかく覚えることによって、役立つ知識というものはある。知識には、そうすることで経済的である場合があるからである。またいくら「近代学校」の「学校知」が現代に合わなくなったといっても、そのすべてが必要なくなったわけでも、将来必要でなくなるわけでもない。

したがって問題は、どのような知識を教えるべきかではない。問題は、その学び方にある。高校を終えるまでも詰め込み式の勉強をしてきた子どもたちが、その先に自分で考えるようになることを期待するのは難しい。なぜならそうした学習からは、常に「正解」のみを求める姿勢が育つことになるからである。こうした「正解主義」は、自分の意見を表明することを避けさせる。実際は、絶対的に正しい答などないにもかかわらず、それを答えなくてはならないという強迫観念に駆られている人間に、「個性」や「創造性」を期待することは難しい。実際、大人になっても自分の意見を表明することをためらう姿は、普通に目にする。

では多くの人が、いまだにこのような「産業資本主義」時代の学力観にこだわり続ける状況下で、私たちの博物館はどのような役割を担っていくべきなのだろうか。もし博物館が独自の教育機関となることを求めるならば、それはやはり学校教育とは異なる学びを提供しなくてはならない。ではそれはどのようなものか。

学校が、公教育として一定の学力を国民すべてに等しく保障する機関であり続ける限り、その基本的な枠までもは破棄できない。決められた時間と、決められたカリキュラムという枠を壊す場合は、「近代学校」としての学校教育を放棄する場合に限られる。そうした意味で「産業資本主義」時代に生

まれた現代の学校は、やはり依然として「近代学校」であり続けることから逃れられない機関である。

とすれば、ここに博物館の学びの意義を見いだすことができるのではないだろうか。というのも博物館に来てなにかを学ぶかどうかは、基本的に来館者の自由意志によるからである。この点において、博物館は学校とは大きく異なる教育機関である。そしてその学びの時間も、基本的に来館者の自由意志によって決められる。何時間でも、何日でも、好きなだけの時間を費やすことができる。こうした条件は、「ポスト産業資本主義」時代において求められる、個性育成のための「こだわりの学び」を可能にする。近代学校のような強制による学びではなく、「自由な学び」を提供できる可能性をもっている。こうしたことから、博物館は、正に新しい時代の学びを提供できる機関としての役割を担っていくことが期待される。

だがしかし、それを実現するにはどのようなことを考えなくてはならないだろうか。確かに学校とは異なり、内容も時間も来館者の自由意志によって選択することができる。だが、それだけで「自由な学び」を提供できるといい切れるだろうか。おそらくそれは、そういうほどに簡単ではないはずである。スローガンとしては理解できるが、実際の状況の中で、果たしてそれを保障できるのかどうかという問題となると、かなり怪しい部分がある。

そこで次節では、すでにいわれている博物館教育の特徴と可能性を吟味してみよう。博物館の学びというのは、どういうものなのだろうか。どこに特徴があり、どういう意味で学校の学びと違う学びを提供できるのか。次の節では、その特徴を考えてみたい。

2．博物館での学びの理論

(1) 博物館の学びの常識への問い直し

a．博物館は「自由な学び」を提供しているのか

博物館の学びは、インフォーマルで「自由な学び」と考えられることが多い。確かに、博物館に行くことは基本的に個人の自由意志によっている。しかし、それだけで「自由な学び」ということに十分になるのだろうか。

前節でみたように、学校教育は、基本的に強制でおこなわれる。そして、

教科書と時間割という装置が、学習者の興味関心を限定する。その意味で、学校での学びは、「不自由な学び」である。ただしこの場合の「不自由さ」をつくりだしているのは、単に「教科書と時間割」という物理的装置の存在だけではない。これらが、学習者の興味関心を「限定」する場合に、初めてそこに「不自由」が発生する。もし、学習者がその教科書の内容に強い興味関心をもち、かつその教材の学習が終わってもその興味をもち続けたとすれば、それは「不自由な学び」とはならないだろう。

　「不自由」というと、物理的束縛からの解き放ちのことを私たちは考えてしまう。しかし学びにおける「不自由」とは、その内容が学習者の興味・関心を拡げない場合ではないだろうか。そのように考えてみると、自由かどうかは、学習者の心の問題であるということがわかる。したがって、たとえ自由参加の博物館の学びであっても、興味関心を呼ばないような学びであっては、「自由な学び」にならない可能性があることになる。「自由参加」は、学びの動機の一部に過ぎない。

　私たちは、企画する教育プログラムが果たして学習者の興味関心をきちんとサポートしているかどうかを常に注意しなくてはならない。「自由な学び」といいつつ、しばしば一つのパターンにはまった学びを提供していることはないだろうか。来館者のワークショップでの活動は、その博物館での活動として本当に意味のあるものだろうか。滅多につかない火おこし、驚かせるだけのお決まりの科学実験、そのようなものを提供してはいないだろうか。

　興味関心をひきだす学びは、どうしたら提供できるのか。この場合、もちろんそれは、単に学習者が楽しめればよいということにはならない。よく揶揄される「エデュテイメント」にならず、それでいて内容への興味関心において楽しい学びを提供するにはどうすべきなのか。そしてそれはもちろん、それぞれの館の役割を逸脱するようなものであってはならないだろう。では、そうならないためにはどうすべきなのか。おそらくここには、当たり前のことが横たわっている。その当たり前のことを考えるために、この「自由な学び」とセットで考えられている「構成主義」の問題をまず考えてみよう。

b．「構成主義」は博物館の学びの原理となりうるか

　欧米の博物館教育論をひもとくと、しばしば目にするのが、学習観に関す

る「構成主義」という用語である。いわゆる"Hand's On"展示もこの考え方に立っていると説明される。教育学の世界でも、二十数年以前からいわれるようになって、「ゆとり教育」の理論的背景の一つとみなされてもいる。

「構成主義」は、これまでの知識観ではないと説明される。これまでの知識観では、正しい知識が学習者の外にあって、それを学芸員が整理して正しく学習者に伝えるというイメージでとらえていた。したがってその学習は、受動的なものであった。それに対して「構成主義」では、学習者は周りの環境とのインタラクションを通じて能動的に自ら知識を構成し直すのだという。そこではあらかじめ用意されたストーリーに沿って理解することよりも、学習者の試行錯誤が重視されるという。

確かに博物館での学びを来館者中心のものに変えるためには、こうした知識観に立った学習観が必要かもしれない。こうした学習観がでてきたからこそ、最近の博物館は変わってきたということもできる。最近日本でも急激に浸透している"Hand's On"展示も、こうした知識観を反映している。これまでは、整理された正しい知識を正しく受け取るために、正しく読み取ることを求める展示であった。それに対して、そうした知識の丸飲みではなく、来館者が展示とインタラクションすることで、自ら知を組み立てられるようなインタラクティブな要素をもつ展示が望ましいというわけである。

このように考えてみると、この「構成主義」が果たしている役割は大きいといえる。それまでのスタティックな説明中心の博物館の姿を大きく変える働きをもっているといえるだろう。しかし、こうしたプラスの役割を担える一方で、ともすればこの「構成主義」による混乱もあるのではないだろうか。

「構成主義」というものは、その後にでてきた「社会構成主義」とともに、あまりに多くの立場なり論者なりがあって、明確にこれといい切ることが難しい概念である（同じ言葉をまったく正反対の意味に使っていたり、同じ概念だけれど違う言葉を当てはめていたりすることが多い。注1 参照）。とはいえ、博物館関係者の中では上記のように理解されている。すなわち、来館者が展示とインタラクションすることで自ら知を構成していく、と考えられている。しかしこの「構成主義」は、実践の場で独り歩きしてしまう傾向がある。実際、こうした考え方を字義通りに解釈すると、そこに混乱が生まれてくる。

ハイン（George E. Hein）は、構成主義的な展示について次のように述べる。

> 構成主義的展示は、発見学習の立場と同じように、来館者が知識を構成できるようにします。そしてそればかりでなく、来館者の結論を正当化できるようにもします。それは学芸員が意図していたものと合っていなくても構いません。すなわち構成主義展示は、
> ・入り口を多くして、決まった順路や順番をもうけません。
> ・幅広い活動学習の形を用意します。
> ・見方に制限を設けません。
> ・来館者の経験に基づいた幅広い活動によって、展示物（とその考え方）と接することができるようにします。
> ・学校の授業と連動した実験・解釈そして帰結を導きだせるような経験や教材を提供します。
>
> 構成主義の展示は、様々な見方を提供しようとします。異なった解釈を許し、異なった考え方、異なった「真理」を許すのです。これは、博物館展示についての伝統的な考え方と極めて対照的です。
> (Hein, 1998, p. 35-36)

　もしこのとおりだとすれば、少し異議を唱えたくなる学芸員もいるのではないだろうか。「そりゃあ、違った見方があってもいいけれど、なんでもいいっていうわけにはいかないだろう。それでいいなら、博物館などいらないじゃないか」と、その学芸員はいうのではないだろうか。
　こうした異議は、もっともなものである。さまざまな興味、さまざまな文化的背景、さまざまな個人的経験をもってやってくる来館者に、そうした文脈から自らの解釈を大切にして学んでもらうという姿勢は、尊重されなくてはならないだろう。そのようにして学習がおこなわれるならば、おそらくすぐにははがれ落ちない知識になると期待できるだろうし、その人の中で生きて働く知識になるだろうと期待できるからである。
　だがもし、このハインのいうように、それがまったく制限のない個人的解釈を許すものとするならば、それは博物館の存在意義そのものを壊すこと

になるかもしれない。しかしこのような意味での「構成主義」は、おそらく別の期待をこっそりともっている。そしてそれは、その基本的理論を破壊するものである。ハインの「構成主義」は、異議を唱える学芸員に耳打ちするだろう、「いやいや大丈夫、心配しないでください。そのうち、だいたい決まったところに落ち着きますから。なにしろあの展示は、ちゃんと正しい方向に導くようにできていますので。私たちの文化財は、そうした力をもっているんですよ」と。

　ハインの「構成主義」が、こうした耳打ちをしないものなら、それはもうなにも博物館である必要はない。その辺りの空き地や草むらの方が、はるかによりよい学習環境だろう。そうでないとすれば、すなわち展示がそれ自体としてなんらかの正しい方向づけの力をもっているとするなら、それはこの考え方の理論的破綻を意味する。

　知識は学習者の側に構成されるものであるという理論は、確かにそれまでの外在的知識論に比べて、一見すると正反対のようにみえる。しかしそれは誤解である。知識がこちら側にあるということは、その対照として向こう側にもあるということを認めていることになるからである。知識がこちら側にあるといういい方は、明らかな二元論であって、正反対ではなく、単なる合わせ鏡、ないしはコインの裏表に過ぎない。もしそうでないというのなら、私たちはなにも学べないだろう。なぜなら、その構成される知識は、なんの根拠も、なんの文化的つながりもないものになるからである。

　こうした意味でハインの「構成主義」というのは、向こう側に厳然とした知識の存在を認めていて、それとのインタラクションによってこちら側に疑似主体的な知識が構成されるという暗黙の前提に立った、自己破綻的な理論である。もし無限定な「構成主義」に強くこだわるとすれば、それは混沌という混乱のほかにはなにももたらさないだろう。ではこの混乱を避け、かつこの理論以前に戻らないとしたいのならば、私たちはどのような理論をとるべきだろうか。つまり従来のように、丸飲みで受け取ることで正しい知識が身につくというのも、ハインの「構成主義」のように無限定に学習者の側で構成することで知識が身につくというのでもない、そうした知識観はないだろうか。次項では、これを「反表象主義」知識観として考えてみよう。

(2) 知の問い直し：「反表象主義」知識観と博物館の学び

　「反表象主義」というと、いかにも難しそうであるが、実際は私たちの当たり前の考え方によくマッチしている。そしてこれは、博物館の学びのあり方に一つの納得のいく説明を提供してくれる。「反表象主義」では、知識をこちら側なり向こう側なり、どちらか一方にあったりなかったりするものとは考えない。そうした、あっちかこっちかというのではなく、学習者をとりまく人や物や環境、そして文化というものと学習者とがともに響き合う関係性を構築することととらえる。このいい方は、なにか情緒的だが、もう少し具体的に述べると、むしろ自然な考え方である。

　例えば私たちは、少し大きな数の計算をするときには、紙に書いて計算する。右記のような3桁のかけ算を考えてみよう。このかけ算をするとき、私たちは、「し・しち・にじゅうはち」「し・し・じゅうろく」「し・に・が・はち」と唱えながら、その結果を紙の上に記入する。そして次には、この単純計算の結果をみながら足し算をして答をだす。このとき、私たちの頭の中ではどのようなことが起こっていると考えられてきたのか。

```
   247
 ×564
   988
  1482
 1235
139308
```

　これまでは、コンピュータのように、なにか計算回路があって、それによって計算が実行されて、その結果が内言に、そして手に出力されてくると考えていた。これを「表象主義」あるいは「古典的計算主義」という。なぜ「表象主義」というかというと、この立場では、「表象」といわれる脳内記号のようなものを使って、脳内の一定の回路にしたがって計算がされると考えるからである。コンピュータであれば、「表象」というのは、CPU（中央演算処理装置：Intel Pentium 4 のようなLSIチップ）の中で働く機械言語のようなものである。この立場では、このようなコンピュータ・アナロジーで、頭の中の回路で計算・判断処理がおこなわれていると考えてきた。

　しかしどうもそれは違うようだというのが最近の考え方である。私たちがここでやっていることは、計算という処理を数学の法則なり、計算回路にしたがってやっているのではなく、文化的に生み出された九九を唱えているだけである。計算をやっているのは私ではなく、いってみれば紙の上の数字群である。いや、もっと厳密にいえば、それは私たちの文化である。私たち自

身は、この計算の最中に「4個のタイルを4段重ねて全部で16個」などとは考えていない。先人がつくりだした、「九九」という道具を使って、いわば自動的に計算している。それは、電卓を使ったり、ソロバンを使うのとなんの違いもない。それは、脳内回路が計算しているのではなく、紙の上の筆算形式が、電卓の回路が、ソロバンの盤面が計算しているという状態である(注2)。

　もちろんこの例は、「九九」という文化的自動計算装置による単純な行為の場合である。日常生活上では、多くの場合、こうした文化的自動装置で事足りる。しかしでは、より高次の「考える」という場合はどうだろう。私は、いまパソコンの画面に向かって、文字を打ち込んでいる。その文字は、ディスプレーの画面にでてくる。私は、頭の中に内言をつむぎだして、その響きにしたがって文字を打ち込んでいる。

　これまでの「表象主義」では、考えるという場合も、脳内CPUに思考回路があって、それによって思考がおこなわれるとしてきた。つまり脳内論理回路の中を脳内記号（表象）が走り回り、いわばカチャカチャと判断が積み重ねられて、その結果が内言に打ちだされ、それが私の手を動かし、ディスプレーに文字をださせるという具合にである。この場合重要なのは、脳内CPUに判断回路があるとする考え方である。そこでこの「表象主義」は、コンピュータ・アナロジーで脳を考えて、その脳内の判断回路をコンピュータ上に実現すれば人間と同じ脳を生みだせると考えた。それが、AI（Artificial Intelligence）：人工知能である。

　ところがこれがうまくいかない。そこで私たちの脳がやっていることは、そうした回路に感覚情報をインプットして、計算・判断回路で処理して、一定の答をアウトプットするというのではないと考えられるようになってきた。そうではなくて、実際の脳がやっていることは、外部刺激に対して脳全体でさまざまなパターンで反応するという単純なことではないか。もちろんまったく判断がおこなわれていないというのではない。そうではなく、脳は外とつながったシステムの中で、パターン反応するという形で一部の判断を担っているだけであって、私たちが「計算」「思考」「判断」といっているものは、そうしたシステム全体でおこなっていることを指しているのではない

か、とういうのがこうした考え方の基本である。

　これまでの考え方では、感覚で外部とつながってはいるものの、それ自身としては閉じた系を構成していると人間をみなしていた。しかし人間は、もっと開かれた存在ではないかと考えられてきている。開かれた存在というのは、人間は外の世界とつながって、いわば環境や状況と結合して、それらとともに構築される大きなシステムの一部として生きている存在であるということである。この私たちの身体は、一見すると物理的に閉じているようにみえるけれど、実際は社会システムの中につながり、その一部分としていわば接続された身体である。そのシステムの判断機構を利用し、と同時にそのシステムに利用される、そうした相互依存的な関係性の中にある身体として、いま私はここにある。

　こうしたいい方はなにやら難しそうであるが、私たちが日々経験している当たり前のことである。例えば、インターネットを使って、なにかを検索しているとき、私たちはそのデータベースサイトの検索エンジンに判断を委ねている。と同時に、そのサイトは、私たちのアクセスによって生かされる。私たちが計算をするとき、あるいはなにかものを考えるとき、その計算作業や思考作業の多くは、脳CPUの外部でおこなわれる。文章を練るときも同じである。内言や、さらに紙の上やディスプレー上の文字列をにらみながら考える。もし紙やディスプレーがなかったら、少しも複雑なことを考えられないだろう。

　人間は、独体（こたい）として生きていける動物に比べて、ずいぶんとできの悪い動物である。自分の生存にかかわる多くの判断を他者に委ねないと生きていけない動物である。その他者とは、周りの人間だったり、意味という形で社会的な判断が込められた言語とそれによって構築される文章だったり、さまざまな物流システムだったりする。独体としては生きていけない私たちは、自己の身体をさまざまな外部システムに接合することで生き抜く術を獲得した。こうした意味で、できの悪いことが人間にとって幸いしたといえるかもしれない。

　こういうと、私たちの主体的な判断や個性的な発想などありえないように思われるかもしれない。しかしそうではない。思考や判断や計算を、自分を

含んだ大きなネットワークシステム全体でやっているのであって、単に外の情報を受け取る受容体としてだけ働いているのではないからである。100億といわれる人間の脳細胞は、それぞれ平均1000の足をだして他の脳細胞と結びついている。したがって、100億の1000乗の組み合わせのあるネットワークが、この小さな脳の中にあるということになる。その組み合わせの数の大きさは、全宇宙をも超えるといわれる。

外部から入った刺激は、この脳の中で決められたルールにしたがって計算されるというのではなく、この膨大なネットワークを単に響かせる。この外に表された文字列も、いまきっと私の脳ネットワークを響かせているだろう。この響き方のパターンは、個人の経験によってそれぞれある程度個性的である。ネットワークの形成は最初からされてあるのではなく、一生の間に不断に繰り返されるからである。

わかるということ、あるいは知識をもっているということを、これまではこちら側つまり私たち一人一人の内部、とりわけ脳内に閉じこめられた状態のこととらえていた。ハインの「構成主義」にしろ「表象主義」にしろ、そうした考え方であった。しかし「反表象主義」は、なにかの知識をそれが働く状況とセットで考える。ある状況なり、ある物体なりがあるときに、脳がそして私たちの身体がそれらとの協同で働く場合に、その全体を「知識」とみなす。

具体的には、ある状況下で、そこにふさわしく行為がなされるときに、わかっているとみなされる。そうした私たち個体と環境とが一つのシステムを組むとき、そうした状態を知識と呼ぶ。私たちが、自転車の乗り方を知っているという場合は、自転車という物理的存在にまたがって実際にこぐという行為をおこなう。地図の読み方を知っているという場合は、地図を手にしないでは示すことはできない。地図を手にして初めて知っているという状態になる。

しかしそれも知識が頭の中にあって、状況に応じてふさわしく繰り出されてくるというのではない。私たちは、普段あまり気づくことはないが、よくよく考えてみると、ある状況がまったくいつも同じということはない。それにもかかわらず、私たちはうまく生きている。例えば、いつもの横断歩道を

渡るとき、まったく同じ車が同じスピードでやってくるわけでもないのに、なんとかうまく渡って生きている。ということは、私がいつもの横断歩道を安全に渡ることができているのは、いつもその時々の状況に合わせてその場で組み立て直しているからであるだろう。それはそのときの状況との共同作業である。

　こうして考えてくると、こうした状況はまったく当たり前のことのように思われる。「わかる」とか「知識をもつ」という状態は、単にこちら側で勝手につくりあげられるものではない。ある状況でのセットでなくてはならない。そしてそのセットには、個人的経験と同時に、文化的事物・学問・慣習・他者という部分が含まれる。これなくして、ハインの「構成主義」のように「異なった解釈を許し、異なった考え方、異なった「真理」を許す」と主張してすまされることはない。

　「反表象主義」は、そうした意味で博物館での知の構築に理論的な意味を与えてくれる。実際のモノと触れることで、そのモノとのかかわりの中で知を構築する機会を提供できるからである。そしてそれはもちろん、一方的な向こう側からの押しつけではない。そしてもちろん、こちらの側の勝手な構成でもない。学習者の現状も加わったモノや環境との協同システムの構築、それが知識をもつという状態である（構成主義というのは、本来的にはこのように環境と身体とが協同関係を構築するという意味であったはずである）。そうした構築を端的に述べれば、「知識とは、ある状況（人・モノ・環境）とのかかわりの別名」といえるのではないだろうか。それがその状況にふさわしいときに「わかっている」といわれ、そうではないときに「わかっていない」とされる。

　しかし、「わかっている」とされるかかわり方は一筋ではない。大学受験のための知識は、日本では「正答」とされる応答を一つすることである。「鎌倉時代はいつからか」という設問に、「鎌倉時代の始まりには、五つの説があり、中でも有力なのは1192年ではなく、守護地頭をおいた1185年であるが、問題は年号ではなく、どういう支配状態を鎌倉政権が確立したかであるので、その安定の時期は……」などと答え始めたら、おそらくその人は合格することはない。しかし「一つの正答」を答えてめでたく入学を果たした学

生が、入学後の大学の史学科のゼミで「はい1192年です」と答えたら、ゼミの教授は頭を抱え、「君は自分でものを考えているのかね」と学生をたしなめるか、同僚の教授にグチることになるだろう。「いつからか」という教授の問は、年号を尋ねているのではないからである。

それはともかく、こうして私たちは、ようやく博物館での学びはどうあるべきかの出発点に立つことになる。そこで次節では、この「反表象主義」に立つ場合、どういうことが私たちに求められるのかを具体例で考えてみよう。

3．博物館での学びの構築：かかわりの創出

「反表象主義」に立つことは、どうすることだろうか。前述したように、「わかる」ということは、ある状況にふさわしくかかわることであるとするならば、そこで来館者にわかってもらうには、なんらかの「かかわり」を演出しなくてはならない。しかしながら知識や判断が、文化依存的であり、かつ状況依存的であり、その上さらに個人の経験依存的であるとすれば、私たちの仕事は、そのあまりの複雑さの前に立ちつくすほかはない。とてもとても誰にもふさわしいかかわりの演出などできそうにもない。

しかも博物館にやってくる、あるいは利用する人々には大きく分けると三つのパターンがある。一つは、観光や校外学習のついでにやってくる「ついで様」と呼ばれる人々である。二つは、博物館が用意する教育プログラムに参加する人々である。そして三つには、さまざまな手段で博物館の資料を利用する人々である。これには、インターネットでの検索や図書室・資料室の利用者、そして博物館の出版物（図書やパンフレットやカタログ）の利用者、さらには出前授業や貸出教材パックの利用者も含まれるだろう。博物館は、こうした多様な利用者それぞれの学びに応えなくてはならない。そう考えると、博物館での学びのためのかかわりの創出は、容易ではないことはあきらかである。

しかし「反表象主義」の立場に立つならば、来館者は展示となんらかの関係を取り結ばなくてはならない。逆からいえば、展示はそうした関係を結べるようなものでなくてはならない。しかもそのかかわりは、ハインの「構成主義」のように単に無限定な学習者独自のものではなく、文化や私たちが生

み出したかかわりを反映した独自なものでなくてはならない。そうだとすると、来館者の側から、私たちは次のような視点を考えておく必要があるのではないだろうか。議論をわかりやすくするために、博物館の展示の部分に限り、利用者もテンポラリーにやってくる「ついで様」を想定して考えてみよう。来館者が展示する内容とかかわるための視点には、次の三つがあるのではないか(注3)。

ア．展示する内容は、それがもつ意味以前に、それ自体がもつ直接的印象を来館者に与える。その印象は、来館者とその展示内容とのかかわり度によっても左右されるが、その後の解釈を大きく左右する。それがどんな印象を与えるのか、展示の趣旨とのかかわりで考えておかなくてはならない。〔かかわりの印象性〕

イ．印象性は、展示全体の背景としての意味合いを大きく規定するが、来館者がさらに個々の展示との個別のかかわりをつくりだすための手がかりとなるようなものが必要である。対象を名づける同定するということを促すひっかかりを用意する必要がある。〔かかわりのフック性〕

ウ．展示がもたらす印象に入り込み、個々の展示を同定してかかわり、来館者はそれぞれの経験を背景に、そこに一定の文脈的意味を読もうとする。そこで展示では、そうした読みを導くような、一定の解釈に立つ文脈的な流れ・ストーリーを感じられるようにしなくてはならない。〔かかわりの文脈性〕

具体例で考えてみよう。下記の二つの写真は、アとイの具体例を示している。

滋賀県「琵琶湖博物館」　　　　埼玉県「朝霞市立博物館」

最初の写真は、〔かかわりの印象性〕の例を示している、昭和30年代の琵琶湖周辺の農家を移築再現した展示のお便所の写真である。この当時のお便所は、母屋の外にあった。この展示は、お年寄りが本物と間違って用を足してしまうことがあったことで有名である（わざわざ注意書きがしてある）。なぜそのようなことが起きるのか。私たちの行動や認識は、しばしば対象それ自体から直接与えられるこうした雰囲気や印象に左右されるからである。最近ではこうした現象を「アフォーダンス」と呼ぶこともあるが、私たちの認識は、しばしば言語化されない雰囲気レベルでの印象というものに大きく左右される。前節で述べたように、「反表象主義」においては、大脳は論理的判断装置として働くというよりも一つの共鳴体として働く。そしてその共鳴パターンは、大脳中枢の海馬に影響を与え、知覚そのもののあり方にも影響することが知られている。したがって、こうした〔かかわりの印象性〕を考慮した展示は、その後のさまざまな解釈に影響を与えていくことになる。

　次の「朝霞市立博物館」の展示は、大変わかりやすい〔かかわりのフック性〕の例を示している。古代の土器が展示されるというのは、極めてありふれたことである。しかし専門家ではない「ついで様」にとって、「深鉢型土器」「浅鉢型土器」などという土器名は読むことも困難な異言語の世界となる。ここの展示は、その脇に現代の道具を併置することで、現代人の私たちがこの土器を同定できることを助けている。このような、あるものをあるものとして同定するという理解は、私たちがなにかを知ろうとする場合のもう一つの側面である。これまでの展示においても、展示解説という形でこのことはおこなわれてきたが、この例のような「手がかりフック」に気を配った解説でなかったために、この同定という基本的かかわりを構築できない場合がしばしばみられた。

　第3の視点〔かかわりの文脈性〕の好例には、アメリカの首都ワシントンにあるHolocaust Memorial Museumの"Remember the Children: Daniel's Story"という展示がある。これは、実

Daniel's House

在したDanielというユダヤの少年が、平和な生活からゲットーへそして収容所へと追い込まれていく過程をトンネルの中を進みながら順繰りに体験できるようになっている展示である。ここには、〔かかわりの文脈性〕をもたらすストーリー・テリングがある。そのストーリーは、展示を計画する側の内容に対する解釈にもとづいてつくられる。

展示を計画するときには、その内容への解釈が重要な意味をもってくる。というのも、雰囲気や同定がおこなわれても、この最後の解釈がなくては、それらが十分な意味をもつことはないからである。例えば、最初の写真・昭和30年代の農家のお便所の展示も、これだけであれば来館者にこの展示の意義を理解してもらい、かつそこから自らの探求への興味関心をひきだすことは難しいに違いない。

この展示は、琵琶湖をテーマとしたこの博物館でなぜおこなわなくてはならないのか、それが現代のわたしたちにとってどういう意味をもつのか。来館者にこの展示を通じてなにを感じ、なにを理解してもらおうとするのか。そうした解釈は、文脈を必要とするので、一つのエピソードを構成することになる。一つの「語り」がそこにあるとき、観るものに参加という「かかわり」を促すことができる。そうした「解釈へのいざない」が、ある展示をめぐってなされる場合に、初めて他の二つの視点も生きてくることになる。しかし逆にいえば、第3の視点も単独では働かないということである。このような視点は、主に単独で働くということよりも、協同して働く場合が多いということである。つまりどのような展示でも、これら三つの視点を考慮して計画される必要があるということである。

前節で述べたように「反表象主義」では、理解や判断の過程が解釈者のかかわるシステムに大きく依存しているとみなす。博物館は、そうしたかかわりのシステムを提供する場である。ある解釈によってつくられた展示が来館者を「いざない」、来館者はその状況にかかわることで自らの解釈をその展示とともに構築する。であれば、展示がその解釈・判断を提示しなくては、来館者はその解釈の多くをそれこそ独りで勝手に組み立てなくてはならなくなる。

以上、簡単に、かかわりの視点を検討してきたが、もちろんここでの例は

歴史的な展示での例にすぎないので、他の展示でも果たしてあてはまるのかどうかは、今後検討しなくてはならない。しかしこうした展示を開発する場合には、どうしてもこうした三つの視点からの展示解釈が必要になる。「展示解釈」というと、展示物の専門的な理解ばかりを指すようにみられがちである。だがそれでは、十分な「かかわり」を生みだすことはできない。研究員と普及員と展示制作者の三者が、それぞれの経験から、展示の目的と来館者の想定と展示物のもつ物理的特性との三つを勘案していく、その全体を「展示解釈」とみなさなくてはならない。よくいわれる「ハンズオンからマインドオンへ」というのも、ハインの「構成主義」のように来館者に丸投げでは達成されない。展示を制作する側のこうした解釈が大切になる。そしてもちろん、そのかかわりを実際につくりだすかどうかは、他ならない来館者に委ねられている。

4．おわりに

これまで筆者は、「学び」という言葉を用いてきた。しかしこうしてみてくると、博物館では、この用語はあまりふさわしくないかもしれない。もし本当に近代学校を超えるというのであれば、もはや「学び」とか「学習」という概念ではなく、むしろ「探求」とか「研究」とか「実験」という概念の方がふさわしいように思われる。いや、もっとしっくりするには、やはり「かかわり」という言葉の方がよいように思われる。

私たちはこれまで、「正しい知識の正しい理解」ということに重きをおきすぎてきた。しかし、なにかの知識が「正しい」かどうかは、決して一義的は決まらない。もちろん、ハインの「構成主義」がいうように、単に来館者にすべてまかされているのでもない。来館者と展示物と、その展示物に解釈を込めた私たちのすべてがかかわり合って、まさに「構成」されるのである。「知識をもつ」という状態、あるいは「わかる」という状態は、ある状況の中で、その状況にふさわしく「かかわる」傾向性、その状況と響き合う傾向性をもつことであるとすれば、これは極めて自然でありふれたことである。博物館が学校と違うのは、こうしたごく自然な状況を提供できるところにあるだろう。学校では、どうしてもその具体的状況を記号の世界に閉じこめて

しまう。そのため、その閉じこめられた状況をつくりだすことができる一部の学習者にのみ理解が限られてしまうか、大部分は学校教育という外の世界と切り離された特殊化された世界の状況にふさわしい「かかわり」にとどまってしまいがちになる。つまり「校門をでない」知識・理解にとどまることになる。

　そうした意味で、博物館でのさまざまな知との出会い・かかわりの創出とその理論的な意味と意義とは、あるいは現代の学校教育のあり方への反省的な検討に一つの契機を与えるかもしれない。それは、かつて19世紀の中頃に、学校博物館が当時の学校教育の方法の変革に大きな影響を与えたことに似ている。そうした意味で、「知の館」としての博物館の役割は、これから小さくない意味をもつものと期待される。とはいえ、知を楽しむ「知楽」を提供する博物館の営みについての検討は、まだ始まったばかりである。

◆注釈
1. 「構成主義」という用語は、すでにこの言葉を使うことを困難にさせている。というのもこれは、この考え方が流布される中で、かつての東西冷戦時代の「自由」という言葉と同じように正反対の意味で使われることもあるからである。おそらく読者は、筆者がここで述べている「反表象主義」を「社会構成主義」ではないかと思うのではないだろうか。しかし中には、これこそが「構成主義」だと思う方もいるかもしれない。このような状態では、もはやこの「構成主義」「社会構成主義」をテクニカルタームとして使用することは難しい。したがってここでは、あくまでハインのいう意味での「構成主義」として使っていく。
2. ここでのいう脳と計算の関係は、信原幸弘の『考える脳・考えない脳』が参考になるだろう。ただし信原自身は、この著書の中で「反表象主義」という用語は使っていない。筆者が個々で響き合うという言葉を用いたのは、この信原のいう「コネクショニズム」での脳の働きといえる。しかしこの「コネクショニズム」のいう脳の働きは、一つの表象作用と考えることができるので、筆者のいう「反表象主義」と相容れないのではないかと思われるかもしれない。しかし用語がどうであれ、問題の核心は、思考や判断が脳内だけでおこなわれるのではないという原理である。この点において、筆者と信原に違いはない。
3. ここでの分類は、パース（C. S. Peirce）のカテゴリー論に拠っている。パースは、あらゆる現象の基礎に、三つのカテゴリー、「第一性」「第二性」「第三性」というものを据えた。これについては、筆者の著書等のパースの研究書を参照されたい。

◆参考文献
Hein, G. E. (1998). *Learning in the Museum*. London: Routledge.
岩井克人. (2003). 会社はこれからどうなるのか. 平凡社.
信原幸弘. (2000). 考える脳・考えない脳－心と知識の哲学（講談社現代新書1525）. 講談社.
小笠原喜康. (2003). Peirce記号論によるVisual記号の概念再構成とその教育的意義. 紫峰図書.

付／博物館教育文献集

　主に博物館教育に関係すると思われる単行本のリストをつくってみました。博物館教育の研究にお役立ていただければ幸いです。和書に関しては、古いものも含まれていますが、洋書に関しては手に入りやすいものに限定しています。また洋書には、構成主義についての文献も若干入れています。このリストは、当然のことながら編者の恣意にもとづいていますので、ご利用の場合には、このことにご留意ください。

◆和　書
朝霞市博物館利用検討委員会編.(2002).朝霞市博物館活用授業実践事例集.1.朝霞市博物館.46p.
朝霞市博物館利用検討委員会編.(2004).朝霞市博物館活用授業実践事例集.2.朝霞市博物館.34p.
石井恒男.(1986).子どものための博物館　首都圏のユニーク50館ガイド.フレーベル館.223p.
石黒敦彦.(1999).体験型おもしろミュージアム.フレーベル館.127p.
梅棹忠夫.(1987).メディアとしての博物館.平凡社.269p.
愛媛県生涯学習センター.(1998).図書館・博物館等における生涯学習　生涯学習と社会教育施設　平成9年度.
恵美裕江.(2001).博物館・郷土館（くらしをまもる・くらしをささえる　校外学習19).岩崎書店.38p.
大阪市教育振興公社企画.(1997).キッズプラザ大阪　こどものための博物館.小学館.95p.
大阪市立自然史博物館.(1982).また見にこようしぜんしはくぶつかん　子どものための展示解説（大阪市立自然史博物館展示解説　第8集).56p.
大月浩子.(1994).わくわくミュージアム　子どもの創造力を育む世界の86館　アメリカ・日本・イギリスなど.婦人生活社.143p.
大沼清仁,中村隆史,今井寛.(2003).科学館等における科学技術理解増進活動への参加が参加者に及ぼす影響について：科学技術館サイエンス友の会・日本宇宙少年団を例として.文部科学省科学技術政策研究所第2調査研究グループ.170p.
小川義和.(2005).科学系博物館の特性を生かした科学教育の在り方：学校と博物館との連携を中心にして.博士学位論文（東京学芸大学.2005年.博教育甲第73号).291p.
加藤有次（他).(1999).生涯学習と博物館活動（博物館学講座　第10巻).雄山閣出版.247p.
神奈川県立生命の星・地球博物館.(2002).博物館での新しい地学教育：インターネットによる新しい教育法のケーススタディ.神奈川県立博物館調査研究報告；自然科学第11号.126p.
上高津貝塚ふるさと歴史の広場編.(1997).上高津貝塚ふるさと歴史の広場「学習のてびき」小・中学校教育における博物館施設活用のために.土浦市教育委員会.34p.
川越市立博物館.(1991).やまぶき　学校教育のための博物館活用の手引き　第1集.155p.
川越市立博物館.(1994).やまぶき　学校教育のための博物館活用の手引き　第2集.104p.
川越市立博物館.(1997).やまぶき　学校教育のための博物館活用の手引き　第3集.130p.
川越市立博物館.(1998).やまぶき　学校教育のための博物館活用の手引き　第4集.130p.

川越市立博物館.(2000).やまぶき　学校教育のための博物館活用の手引き　第5集.155p.
川越市立博物館.(2000).やまぶき　学校教育のための博物館活用の手引き　第6集.98p.
北俊夫,埼玉県博学連携推進研究会.(2001).博物館と結ぶ新しい社会科授業づくり.明治図書出版.
　　130p.
木場一夫.(1991).新しい博物館―その機能と教育活動（博物館基本文献集　第12巻）.大空社.218p.
　　(1949年日本教育出版社版の復刻)
京都市内博物館施設連絡協議会.(1998).生涯学習と博物館　京博連設立5周年を記念して.90p.
倉田公裕編.(1979).博物館教育と普及（博物館学講座　第8巻）.雄山閣出版.259p.
講談社編.(2004).学校では教えない　博物館　科学館からはじめる「調べ学習」のヒント100.講
　　談社.255p.
神戸市立博物館.(1998).夏休み子ども博物館ガイドブック　特別展コメはじめ物語　企画展古地図
　　と絵解き展.20p.
コールトン，ティム.(2000).ハンズ・オンとこれからの博物館　インタラクティブ系博物館・科学
　　館に学ぶ理念と経営.染川香澄（他）訳.東海大学出版会.256p.
国際博物館会議日本委員会.(1972).人類に奉仕する今日と明日の博物館　第9回ICOM総会論文集.
　　185p.
国立歴史民俗博物館編.(2004).歴博国際シンポジウム「歴史展示を考える－民族・戦争・教育－」
　　歴史展示のメッセージ.アム・プロモーション.354p.
五島政一.(2004).学習のネットワークを利用して生徒が意欲的に学ぶ科学教育システムに関する研
　　究.国立教育政策研究所：文部科学省科学研究費補助金研究成果報告書.22.376p.
小島伸豊.(2005).人権学習プログラムと博物館.部落解放・人権研究所.93p.
小島道裕,佐原真.(2004).生涯学習時代における博物館教育・教育員養成および歴史展示に関する
　　総合的研究.国立歴史民俗博物館：文部科学省科学研究費補助金研究成果報告書.119p.
小林文人編.(1977).公民館・図書館・博物館（講座・現代社会教育6）.亜紀書房.415p.
小山市立博物館.(1988).学校教育に生きる博物館活動を目指して　市立博物館の試みと成果.34p.
椎名仙卓.(2002).大正博物館秘話.論創社.280p.
滋賀県立琵琶湖博物館.(1999).琵琶湖博物館学習プログラム集.122p.
静岡新聞社編.(1993).静岡県とその周辺の子どもと行くおもしろ博物館.143p.
小学校現場の理科教育編集委員会編.(1959).学習指導（講座小学校現場の理科教育　第3巻）.春秋
　　社.218p.
関秀夫.(2005).博物館の誕生：町田久成と東京帝室博物館.岩波新書.岩波書店.241p.
染川香澄（他）.(1993).子ども博物館から広がる世界.たかの書房.101p.
染川香澄.(1994).こどものための博物館　世界の実例を見る（岩波ブックレットNo.362）.岩波書店.
　　63p.
染川香澄,吹田恭子.(1996).ハンズ・オンは楽しい　見て、さわって、遊べるこどもの博物館.工作
　　舎.242p.
棚橋源太郎.(1990).眼に訴へる教育機関（博物館基本文献集　第1巻）.大空社.449p.(1930年宝文
　　館版の復刻).
棚橋源太郎.(1991).博物館教育（博物館基本文献集　第15巻）.大空社.244p.(1953年創元社版の復
　　刻).
段木一行.(1997).学芸員の理論と実践.雄山閣出版.276p.
丹青研究所.(1999).Hands-on museum　博物館における参加・体験型展示を考える.171p.
鶴田総一郎.(1960).欧米の博物館事情　教育活動の基盤としての博物館行政.日本ユネスコ国内委
　　員会.55p.
展示学研究所.(1998).チルドレンズ・ミュージアム（ミュージアム・ディレクトリーv.2）.トータ
　　ルメディア開発研究所.177p.
中村隆史,大沼清仁,今井寛.(2004).学校教育と連携した科学館等での理科学習が児童生徒へ及ぼ
　　す影響について：学校と科学館等との連携強化の重要性.文部科学省科学技術政策研究所第

2 調査研究グループ. 154p.
永山智子編.(2001). あつめる・わける・ならべる：ミュージアムのたねあかし（体感する美術；2001）. 佐倉市立美術館. 79p.
名古屋市博物館.(2000). おもしろやきもの展ハンドブック　夏休み子ども博物館.
日本映画教育協会編.(1949). 視覚教育精説. 金子書房. 469p.
日本博物館協会.(1956). 各国における博物館の教育活動　博物館の教育的役割に関する第2回ユネスコ国際セミナーの報告. 80p.
日本博物館協会.(1971). 博物館の教育活動〔第1集〕（1970年の事例）. 170p.
日本博物館協会.(1972). 博物館の教育活動〔第2集〕（1971年の事例）. 79p.
日本博物館協会.(1984). 博物館の運営に関する調査研究報告書　博物館と学校教育との連携. 96, 104p.
日本余暇文化振興会.(1978). 子どもの知的・創造的遊び拠点に関する調査研究　子どもの遊び博物館構想 No.2. 162p.
野上智行.(2004). 科学系博物館・野外学習センターと学校が連携した動的プログラムの開発. 神戸大学：文部科学省科学研究費補助金研究成果報告書. 160p.
野馬追の里原町市立博物館編.(2001). 小学校における博物館学習指導の手引き. 野馬追の里原町市立博物館. 98p.
博物館学研究会編.(1974). 学芸員その役割と訓練（研究シリーズ4）. 博物館学研究会. 108p.
博物館と学校をむすぶ研究会.(2000). 学ぶ心を育てる博物館「総合的な学習の時間」への最新実践例. ミュゼ. 126p.
波多野完治監修.(1991). 見学・旅行と博物館（聴視覚教育新書第6）（博物館基本文献集第14巻）. 大空社. 324p.（1952年金子書房版の復刻）.
端信行編.(2000). 新しい展示技法の開発と子どもと博物館のコミュニケーションに関する研究（国立民族学博物館調査報告16）. 国立民族学博物館. 287p.
浜口哲一.(2000). 放課後博物館へ：地域と市民を結ぶ博物館. 地人書館. 239p.
樋口清之, 加藤有次.(1981). こんなに役立つ博物館. かんき出版. 214p.
広瀬鎮.(1992). 博物館社会教育論　生涯学習時代の博物館. 学文社. 226p.
ファーガソン, リンダ（他）.(2002). 意味とメッセージ：博物館展示の言語ガイドライン. 塚田浩恭, 井山哲也訳. リーベル出版. 111p.
フォーク, ジョン・H.　ディアーキング, リン・D.(1996). 博物館体験 学芸員のための視点. 高橋順一訳. 雄山閣出版. 215p.
福島県立博物館.(1989). 小学校における博物館学習指導の手引き. 87p.
福島県立博物館.(1990). 中学校における博物館学習指導の手引き. 95p.
星合正治.(1990). 米国内各博物館の教育事業に就いて. 伊藤寿朗監修. 博物館講習会要項他（博物館基本文献集第6巻）. 大空社. 40, 40, 89p.
堀田龍也, 高田浩二.(2002). 博物館をみんなの教室にするために：学校と博物館がいっしょに創る「総合的な学習の時間」. 高陵社書店. 126p.
堀田龍也監修.(2001). 教室に博物館がやってきた：社会教育施設と学校をテレビ会議で結んだ遠隔授業の試み. 高陵社書店. 122p.
マックリーン, K.(2003). 博物館をみせる：人々のための展示プランニング. 井島真知, 芦屋美奈子訳. 玉川大学出版部. 267p.
三木美裕.(2004). キュレイターからの手紙：アメリカ・ミュージアム事情. アム・プロモーション. 220p.
村上義彦.(2000). 博物館が学級崩壊を救う　「総合的な学習」のための博物館活用法. ボイックス. 207p.
目黒実.(1996). チルドレンズ・ミュージアムをつくろう Knowledge begins in wonder. ブロンズ新社. 213p.
目黒実.(2002). 学校がチルドレンズ・ミュージアムに生まれ変わる：地域と教育の再生の物語. ブ

ロンズ新社. 237p.
茂木一司. (2005). イメージ・感性開発のためのメディア活用型総合学習パッケージの開発：美術館等におけるワークショップ及び学習デザインの教材開発に関する調査・研究. 群馬大学：文部科学省科学研究費補助金研究成果報告書. 215p.
森茂岳雄編. (2005). 国立民族学博物館を活用した異文化理解教育のプログラム開発. 国立民族学博物館. 320p.
文部科学省科学技術政策研究所第1調査研究グループ・第2調査研究グループ. (2002). 科学系博物館・科学館における科学技術理解増進活動について：国立教育政策研究所・科学技術政策研究所共同研究「これからの研究開発と人材養成等の諸政策の連携・統合に関する調査研究」. 文部科学省科学技術政策研究所. 81p.
山地純編. (1993). 歴史系博物館における子ども学習プログラムの研究報告書. 107p.

◆洋　書
Berry, N.& Mayer, S. (Ed.). (1989). *Museum Education : History, Theory, and Practice*. Reston, Va. : National Art Education Association, 257p.
Falk, J. H. & Dierking, L. D. (1992). *The Museum Experience*. Whalesback Books, 205p.
Falk, J. H. & Dierking, L. D. (2000). *Learning from Museums: Visitor Experiences and the Making of Meaning* (American Association for State and Local History Book Series). Altamira Pr., 272p.
Hein, G. E. (1998). *Learning in the Museum*. Routledge, 203p.
Hooper-Greenhill, E. (1992). *Museum and Gallery Education* (Leicester Museum Studies Series). Leicester Univ. Pr., 224p.
Hooper-Greenhill, E. (1992). *Museums and the Shaping of Knowledge*. Routledge, 232p.
Hooper-Greenhill, E. (Ed.). (1995). *Museum, Media, Message* (Heritage: Care, Preservation, Management), Routledge, 320p.
Hooper-Greenhill, E. (Ed.). (1999). *The Educational Role of the Museum* (Leicester Readers in Museum Studies), 2nd Rev. Routledge, 346p.
MacDonald, S. & Fyfe, G. (eds). (1998). *Theorizing Museums: Representing Identity and Diversity in a Changing World* (Sociological Review Monograph). Blackwell Pub., 236p.
Miles, R. S. (et al.). (1988). *Design of Educational Exhibits* . Routledge, 198p.
Moffatt, H. & Woollard, V., (2000). *Museum and Gallery Education: A Manual of Good Practice* (Professional Museum and Heritage Series). Altamira Pr., 204p.
Nolan, A. (1997). *Great Explorations: 100 Creative Play Ideas for Parents and Preschoolers from Playspace at the Children's Museum, Boston*. Pocket Books, 245p.
Paris, S. G. (Ed.). (2002). *Perspectives on Object-centered Learning in Museums*. Lawrence Erlbaum Associates, Inc., 383p.
Phillips, D. C. & Early, M. (eds). (2000). *Constructivism in Education: Opinions and Second Opinions on Controversial Issues : Ninety-Ninth Yearbook of the National Society for the Study of Education* (Yearbook of the National Society for the Study of Education). National Society for the Education, 330p.
Roberts, L. C. (1997). *From Knowledge to Narrative: Educators and the Changing Museum*. Smithsonian Inst Pr, 205p.
Sachatello-Sawyer, B. (et al.). (2002). *Adult Museum Programs: Designing Meaningful Experiences* (American Association for State and Local History). Altamira Pr., 208p.
Sheppard, B. (1993). *Building Museum & School Partnerships*. American Association of Museums, 141p.
Von Glasersfeld, E. (1995). *Radical Constructivism: A Way of Knowing and Learning* (Studies in Mathematics Education Series, No 6). Falmer Pr., 194p.

執 筆 者 一 覧

<編者・第9章担当>
小笠原　喜康（おがさわら・ひろやす）／日本大学文理学部教授
1950年青森県八戸市生まれ。北海道教育大学釧路分校卒業後、東京都杉並区立小学校教員を経て東京学芸大学大学院修士課程教育学研究科、筑波大学大学院博士課程教育学研究科修了・博士（教育学）。金沢女子大学を経て1989年より日本大学。1996年アメリカ在外研究時にボストンの子ども博物館をみて、帰国後にチルドレンズ・ミュージアム研究会を仲間とともに始める。主著は、『Peirce 記号論によるVisual記号の概念再構成とその教育的意義』（紫峰図書．2003）。

<第1章担当>
洞口　正史（ほらぐち・まさし）／財団法人群馬県埋蔵文化財調査事業団専門員
1955年東京都生まれ。筑波大学第一学群人文学類考古学専攻卒業、群馬県教育委員会文化財保護主事、群馬県立歴史博物館学芸員を経て現職。

横山　千晶（よこやま・ちあき）／群馬県松井田町立西横野小学校教諭
1970年神奈川県生まれ。群馬大学教育学部特殊教育専攻卒業。在学中から県内の発掘調査に参加し、財団法人群馬県埋蔵文化財調査事業団調査研究員を経て現職。

<第2章担当>
渡邊　昇（わたなべ・のぼる）／杉並区立科学館館長
1953年東京都生まれ。早稲田大学理工学部建築学科卒業、早稲田大学理工学部大学院電気工学科修了・理工学修士、工学院大学教職特別課程修了。日本ビクター音響技術研究所、建築事務所自営の後、私立聖学院中学高校で数学非常勤講師、日本科学未来館科学技術スペシャリスト、東芝科学館・館長付を経て、公募により杉並区立科学館館長となる。資格：学芸員資格、中学・高校数学一種教員免許、一級建築士。

<第3章担当>
稲庭　彩和子（いなにわ・さわこ）／神奈川県立近代美術館非常勤学芸員
1972年横浜市生まれ。青山学院大学大学院で日本美術史を専攻しつつ東京国立博物館学芸部絵画室に勤務。修士取得の後、神奈川県の助成を受け職業研修として大英博物館日本部と教育部に2年在籍。ロンドン大学大学院（UCL）で美術館における展示とコミュニケーションについて研究。博物館学修士。慶應義塾幼稚舎（小学校）勤務を経て、2003年より神奈川県立近代美術館に勤務。教育プログラム「きょうの はやまに みみをすます」（葉山館）や、「佐藤哲三」展（鎌倉館）などを担当。

<第4章担当>
並木　美砂子（なみき・みさこ）／財団法人千葉市動物公園協会教育普及係長
1957年生まれ。仙台市出身。東京農工大学、千葉大学大学院教育学研究科を経てお茶の水女子大学大学院博士課程（人間発達科学）修了。博士（学術）。1984年より千葉市動物公園で主として子ども動物園における動物飼育と教育プログラム開発の担当。国立歴史民俗博物館客員助教授。著書に、『動物園における親子コミュニケーション――チンパンジー展示利用体験の比較』（単著・風間書房．2005）、『うんち――うんちたんけんたい動物園へ行く　やってみたい総合学習』（共著・草土文化．2000）。

<第5章1担当>
中村　桃子（なかむら・ももこ）／任意団体「NPO子どものまち」代表
1973年千葉県佐倉市生まれ。早稲田大学第二文学部卒業。卒論のテーマに「子どもの遊び」を選びドイツの「遊びのまち　ミニミュンヘン」を知る。東京都世田谷区の冒険遊び場に2年間勤務後、2000年夏に「ミニミュンヘン」に参加。2002年3月に「子どもがつくるまち　ミニさくら」を開催。2003年3月の2度目の開催を経て同年10月に任意団体「NPO子どものまち」を設立。2005年3月に「子どもがつくるまちミニさくら 2005」を主催。特定非営利活動法人木ようの家（知的障害をもつ若者の自立支援スペース）非常勤スタッフ。

<第5章2担当>
永山　智子（ながやま・のりこ）／佐倉市立美術館学芸員
1965年生まれ。川崎市出身。東京学芸大学教育学部卒業。1994年より佐倉市立美術館に勤務。1995年から2004年まで毎年夏に教育普及事業「体感する美術」を担当。

<第6章担当>
木下　周一（きのした・しゅういち）／有限会社コミュニケーションデザイン代表
1952年東京都生まれ。石油会社の販売促進、東京都の広報、子どもの本や百科事典を中心にデザイン活動を展開していたが、1970年後半から80年代にかけて企業博物館の大型プロジェクト数件にグラフィックデザイナーとして参加。以来20年近く、ミュージアムの解説計画やサイン計画とそのデザインを専門とする。ミュージアム関連で参加プロジェクトの受賞多数。近年、その学びを考えるにあたり、子どもの発達や学習、認知、教育についてリカレント学習を実践し、ミュージアムのコミュニケーションツール、教育ツールの考察もすすめている。

<第7章担当>
小野　和（おの・かず）／東京成徳大学子ども学部教授
1952年東京都生まれ。東京教育大学大学院教育学研究科美術学専攻修士課程修了（芸術学修士）。九州芸術工科大学大学院芸術工学研究科情報伝達専攻博士後期課程単位取得満期退学。造形的な視点からの体験的な学びに関心をもち、子育て支援の一環として、親子による造形表現ワークショップ「わくわく造形ひろば」等を企画・実施。著書に、『先生と父母のための本：造形遊びのABC』（共編・すずき出版．1979）、『表現・幼児造形〈実習編〉』（共著・保育出版社．1995）、『幼児の造形：造形活動による子どもの育ち』（共著・保育出版社．2002）など。

＜第8章担当＞
塚田　美紀（つかだ・みき）／世田谷美術館学芸員
1970年生まれ。東京大学大学院教育学研究科博士課程単位取得退学。専門は近代日本美術教育史。2000年より世田谷美術館に勤務。地域の学校との連携事業を担当するほか、演劇・ダンスなどの身体表現をとおして美術作品と出会うワークショップを企画。共著に『子どもたちの想像力を育む　アート教育の思想と実践』（東京大学出版会，2003）、『美術鑑賞宣言』（日本文教出版株式会社，2003）。

（肩書きは2006年1月現在）

博物館の学びをつくりだす——その実践へのアドバイス——
2006年2月20日　初版発行
2024年7月1日　11版発行

編著者　小笠原　喜康；チルドレンズ・ミュージアム研究会
発　行　株式会社ぎょうせい
　　　　〒136-8575　東京都江東区新木場1-18-11
　　　　URL：https://gyosei.jp

　　　　フリーコール　0120-953-431
＜検印省略＞　ぎょうせい　お問い合わせ　検索　https://gyosei.jp/inquiry/

印刷　ぎょうせいデジタル株式会社
※乱丁・落丁本はお取り替えいたします。
©2006　Printed in Japan　禁無断転載・複製
ISBN978-4-324-07889-1 (5107003-00-000)　[略号：博物館の学び]

学校教育の分岐点に問う。
"個別最適な学び"と"聴き合い学び合う学び"は両立するのか？

続「対話的学び」をつくる
聴き合いとICTの往還が生む豊かな授業

石井順治（東海国語教育を学ぶ会顧問）【著】
A5判・定価2,420円（10%税込）
【電子版】価格2,420円（10%税込）

※本書は電子版も発行しております。ご注文は ぎょうせいオンラインショップ 検索 からお願いいたします。

他者とかかわらない個別・孤独な学習では
決して生まれることのない**学びの深まり**。
だれひとりとして取り残さない
授業の在り方がここに！

中央教育審議会答申「令和の日本型学校教育」がうたう「個別最適な学び」と「協働的な学び」。With/After コロナ、１人１台端末という新たな環境の中でどのようにその一体的な充実を進めていけばよいのか？──【授業事例】【子どもの姿】【ICT活用例】など徹底的に具体例を挙げながら、その実現方策をわかりやすく示します。

すべての子どもの今と可能性を
大事に育む授業や学校の姿を物語る本書は、
対話とICTがつながる教育の未来を示す
羅針盤である。
［推薦］秋田喜代美（学習院大学教授）

主要目次
第Ⅰ部 聴き合う学びを育てる──学びを「対話的」に変えるために
第Ⅱ部 「対話的学び」が生みだすもの──学びが変わる、学校が変わる
第Ⅲ部 ICT化と対話的学び──学びの未来を見つめる

くわしくはこちら

■姉妹書のご案内

「対話的学び」をつくる
──聴き合い学び合う授業

石井順治【著】　　A5判・定価2,310円（10%税込）

著者が出会った優れた授業を逐語記録により紙上再現。子どもたちの言葉を丹念に追いながら、「対話」によって学びを深めるとはどういうことか、授業づくりの要とは何か、具体的に説き示す。「主体的・対話的で深い学び」実現のための基本書。

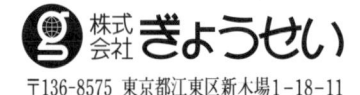

くわしくはこちら

株式会社 **ぎょうせい**
〒136-8575 東京都江東区新木場1-18-11
フリーコール **TEL：0120-953-431**［平日9〜17時］ **FAX：0120-953-495**
https://shop.gyosei.jp　　ぎょうせいオンラインショップ 検索